記者襲撃

赤報隊事件30年目の真実

樋田 毅
Tsuyoshi Hida

記者襲撃

赤報隊事件30年目の真実

岩波書店

まえがき

一九八七年五月三日に兵庫県西宮市の朝日新聞阪神支局が散弾銃を持った目出し帽の男に襲われた。当時二九歳の小尻知博記者が射殺され、当時四二歳の犬飼兵衛記者が重傷を負った。この事件を含め、約三年四か月の間に計八件起きた「赤報隊」による襲撃・脅迫事件は、二〇〇三年三月にすべて公訴時効となった。記者が国内で政治的テロによって殺された事件は、日本の言論史上、ほかにはない。

私は事件発生の当初から取材チームに加わり、時効成立までの一六年間、犯人を追い続けてきた。時効を機に、取材班が解散した後も、私は新聞社の本業の仕事の合間を縫って、一人で、あるいは昔の仲間の協力を得て、細々とだが、事件の真相解明への努力を続けてきた。六年前に定年のため再雇用の契約社員になった後も、一〜二か月に一度ずつ東京などに出向き、旧知の右翼に会うなど取材を続けた。私費で上京して取材したことも度々あった。見えない赤報隊を追い続ける。それが、私の記者人生を賭けた使命だと思い定めてきた。

私は阪神支局襲撃事件が起きる三年前まで同支局に勤務していた。理不尽にも散弾銃で殺されたのは、その支局の後輩だった。小尻記者のご両親にお会いするたび、「必ず犯人を探し出します」と決意を伝えてきたのに、その約束を果たせないまま、数年前、ご両親は相次いで亡くなられた。忸怩たる思いであり、私はこの十字架を死ぬまで背負っていこうと思っている。

事件が起きた三〇年前と現在を比べると、日本社会も朝日新聞社を取り巻く状況も、様変わりしている。しかし、その変化の中で、この未解決事件が日本社会にも朝日新聞社にも暗い影を落としており、その影は近年ますます広がっているのではないか、と私は思う。

私と仲間たちが、この三〇年間にしてきたのは、一般的な取材ではなく、犯人を追い求める取材だった。ワープロや銃など物証にかかわる情報収集も重要な仕事だったが、より究極的な任務は、犯人かもしれないと考えた人物に会うこと、犯人について何か手がかりを得られそうな人物に会い続けることだった。取材対象者の多くは、右翼活動家たちで、暴力団関係者もいた。朝日新聞に対して敵意、あるいは反感を持つ人物も少なくなく、取材には細心の注意を払う必要があった。そうした取材の際には、襲撃事件への見方、朝日新聞に対する敵意の有無、その度合いをつかむための質問を重ねた。「しつこい」のは私の性分でもあった。相手を怒らせてしまったこともあったが、犯人にたどり着くための真剣勝負だと自身に言い聞かせていた。取材対象者にとっては、迷惑な話だったと思う。寛恕を請うしかない。

犯人は個人ないし単一グループとみられるので、この書で取り上げる人物や集団の中に仮に犯人がいたとしても、それ以外の人物、集団は結果的には事件とは無関係ということになる。そして、本書で取り上げる全登場人物、グループについて、事件との関係は立証できていない。

それでは何故書くのか。書かれる側の人権への配慮はできるのか。自問自答を重ねたうえで、やはり書くことにした。赤報隊による卑劣なテロ事件は、時効が成立しても、真相に挑む過程を伝える社会的な意味は十分にある。さらに、取材を通して否応なく知ることになった、この社会の暗闇について書き残す必要があると考えた。二〇〇二年に出した『新聞社襲撃　テロリズムと対峙した15年』(岩波書店)は、私が朝日新聞社の取材班キャップとして原稿を取りまとめた。今回は、私個人の責任で三〇年間にわたる取材経過をたどり、事件の意味を改めて問い直す。そこから、この社会の「真実」、今の時代に通じる「真実」が見えてくるはずだ。そう思い、筆を進めた。

キリスト教系の新興宗教団体、及び関連政治団体についても、同様の視点で初めて真正面から取り上げた。大規模な合同結婚式などで世間を騒がせた教団だが、一連の襲撃事件当時、霊感商法や国家秘密法などの報道を巡って朝日新聞と緊張関係にあった。捜査当局も、この教団に対して重大な関心を寄せ続けたが、事件との関わりを解明できなかった。しかし、私は取材の過程で知ることになった「事実」を、歴史の闇に葬り去る訳にはいかないと考えた。

この教団は、隣国の韓国で創設された。韓国を他民族に優越して救われる「選民の国」とし、日本を「サタン(悪魔)側」と位置付ける。日本社会には、戦前まで朝鮮半島を植民地支配してきたことに対する「贖罪意識」が色濃く残っている。この教団は、こうした贖罪意識に乗じる形で信者を増やし、「霊感商法」という詐欺まがいの資金集めを続け、敵対者への巧妙な攻撃などを重ねてきたとされる。宗教や信仰への配慮などから、これまで書いてこなかった取材内容に改めて驚かれる読者も多いと思う。

当初の原稿はすべて実名で書いた。しかし、取材対象者への配慮から、一部を除いて仮名にさせていただいた。前記のキリスト教系新興宗教団体については、教団名はα教会(または教団)、教祖はα氏(またはα教祖)、関連の政治組織はα連合(または関連政治団体)、学生組織はα研究会(またはα運動)、関連の新聞社はα日報とそれぞれ表記した。各人物の肩書きは取材当時のもの、年齢は二〇一八年一月現在で表記した。真実を追求することの難しさ、危うさを常に感じつつ、それでも、事実と信じることのみを書いたつもりである。読者の方々の理解と共感を得ることができればと、心から願っている。

目　次

第二部　取材の核心部分Ⅰ　45

＊本文中に収めた図版の出典は以下の通り
5、8、25頁は、『新聞社襲撃』(岩波書店、二〇〇二年)より
9、29、32、40頁は、警察の捜査資料より
47、76、125、128頁は、著者によるオリジナル

第一部

凶行

第1章　供述調書

目出し帽の男

一九八七年五月三日の阪神支局襲撃事件の後、兵庫県警は被害者や同支局員らから事情を聴き、数通の供述調書と実況見分調書を作成した。重傷を負った犬飼兵衛記者については、入院先の西宮市内の病院を刑事が訪ね、五月一九日付で最初の供述調書が作成された。まだ傷が癒えておらず、刑事の質問も、犬飼記者の答えも、ごく短いものだった。犯人の動きについて「腰だめの撃ち方ではなく、どちらかと言えば射撃のような撃ち方だったと思う。犯人は一発目を撃ち、何歩か移動して二発目を撃った。犯人の逃走時のことは記憶にない。犯人は無口であった。私たちも無口だった」と述べている。

犬飼記者の二通目の供述調書には六月五日の日付がある。まだ入院中だったが、傷も少しずつ癒え、長時間の事情聴取が可能になっていた。調書はＢ５判で一六ページ。犬飼記者の経歴や家族関係などの説明、阪神支局の日頃の様子などの後、五月三日夜の事件発生時の供述が以下のように続く。

「（ＮＨＫ総合テレビの「独眼竜政宗」が始まった頃）私は食事の途中、いつもの癖でタバコを吸いました。テーブルの上に置いてあったショートホープと使い捨てライターを取り、タバコに火をつけ、吸いながら小尻君や高山君（高山顕治記者）との雑談に夢中になっていました。タバコを三〜四回吸ったところ、なんとなく人が立っているような気配を感じ、その方向に目を向けますと、同僚記者の机の北側横付近で、ちょうど小尻君の左斜め後方二〜三メートルのところに身長一六五〜一七〇センチぐらい、黒っぽいフレームのメガネをして、その上から黒っぽい目出し帽をかぶっている男が散弾銃様の銃を持ち、その銃の先を私に向けて立っていたのです」

「私はまず、その男と視線が合ったのですが、その瞬間、その男は無言のまま、いきなり散弾銃を一発私に向けて撃ったのです。私は撃たれた瞬間、「何をバカなことをするんだ」と思いながら、体の左側からソファーからずれるように倒れてしまいました。私は床にずり落ちながらも犯人を見ていたのですが、犯人は私を撃った後すぐに一〜二歩前に出てきた感じで、今度は銃口を小尻君に向けてまた一発発射しました。犯人の銃の撃ち方については、あまりよくわからないのですが、私を撃つ時、銃の台尻を肩に当ててはいなかったように思います」

「犯人の年齢についてですが、目出し帽で顔などは分からなかったのですが、犯人の柔らかい身のこなしからして、割と若いという印象を受けています」

「私は重傷を負いましたが、これは奇跡とも言うべき幸運に恵まれ一命をとりとめたものと思っています。負傷した箇所は、右手薬指、小指付近が挫滅、腹部、胸あたりと左腕の肘の内側付近に散弾が当たり、体内に随分たくさんの弾が入っているとのことです」

「私は倒れたままの状態で右手を顔の方に上げてみますと、右手小指は吹っ飛び、中指、薬指はぶらぶらとし、出血がひどかったので、高山君に「止血してくれ」と言って、右手をタオルで縛ってもらいました。また、私はテーブルの上のすき焼きをしているコンロの火がまだついたままで、鍋がグツグツと煮えているのが気になり、高山君に「ガスの元栓を切れ」と言いました」

「そうしていたところ、制服の警察官二名が来られ、その後大島次郎支局長も戻って来られました。そして救急の人が来て、小尻君をタンカに乗せて病院に搬送していきました」

「小尻君は犯人に撃たれてから救急の人に搬送されるまでの間、テーブルを挟んで私と反対側で「ウー、ウー」と呻き声をあげており、この時はまだ息があったのが分かりました。その後、私を搬送するための救急車がなかなか来ず、大島支局長が「遅い」と言って怒鳴っていたのが分かりました」

「私は今回の事件後、この事件の原因等について色々と考えているのですが、今のところ全く心当たりがありません。私としては取材するにあたっては、常に記事にされた人の気持ちを考え、また記事にされたことにより社会的にどのような制裁が取材先の方に降りかかるか等を念頭に置き、できるだけ取材先の了解を求めたうえで取材し記事にしているつもりです。そのことで私が個人的に恨まれているとは思えず、また小尻君や高山君においてもこのことは同じはずです」

「また、小尻君は私の良き後輩であり、取材の仕方や記事の書き方等についてよく私に相談してくれていましたが、今回の事件につながるような取材トラブルも聞いておりませんし、奥さんとの仲も良く、私生活面でも円満であったと思います。小尻君が時々編集室に娘さんを連れて来ていた時のその和やかな幸せそうな姿を思い出すと悲しみで耐えられません。何の罪もない小尻君を殺し、私に重傷を負わせた、残虐な、人にあるまじき行為をした犯人が未だ捕まらずにこの社会で平然と暮らしていることと、温和で他

撃たれた２人の記者はテーブルを挟んだ黒いソファーに向き合って座っていた．右端は高山記者．その前で電話しているのは大島支局長(5月3日，午後9時30分頃)

人に迷惑等をかけることなく平和に暮らしていた小尻君と私が殺傷されたという、この二つの事柄を考えますと、この二つの間に私は強烈な矛盾を感じ、また毎日が不安でたまりません。このような犯人は、早く捕まえて厳罰に処してください」

「おもちゃの覆面をしているのかと思った」

当時二五歳の高山顕治記者は、事件の現場に居合わせたが、幸い無傷で難を逃れた。最初の供述調書は事件発生の当日、五月三日深夜に作成された。Ｂ５判一枚のごく短いもので、犯人の服装、背格好や年齢などについて述べている。続いて五月二六日と二九日に作成された調書はＢ５判一七ページに及ぶ。犯人が押し入ってきた状況については、以下のように述べている。

「三人(小尻、犬飼、高山の各記者)がソファーに座り、午後七時頃にビールを飲みながら、すき焼きとご飯で夕食を始めました。私と小尻記者はビールをコップに一杯ずつ飲んですき焼きでご飯を食べ、犬飼記者はすき焼きでビールを飲みながら三人で雑談をして夕食が終わりかけの頃、私の左斜め前の方で何かものの気配がしたので、何気なく視線を移すと、同僚の佐伯記者の事務机の北側、出入口から四～五メートル入ったところに、茶色で毛糸様の目出し帽をかぶった人が入って来ているのに気付いたのです」

「私はその一瞬、休みの支局員の誰かがおもちゃの覆面をしているのかと思ったところ、さらに二～三歩ぐらい近寄って、斎藤記者の机付近へ来た時、腰か胸のあたりに銃を構えたのが見えました。その銃を構えているところを見て、やや痩せ型、黒っぽい上衣で、体つき、服装、動作等から、年齢二〇～三〇歳ぐらいの男であったように思いました」

「その男の視線は、犬飼記者の方を見ており、私が目出し帽と銃を見たと思う間もなく、続けざまに二回乾いた大きな音がパンパンと鳴ったと思うと、激しい耳鳴りがして、銃の真ん中付近から薄い白いような煙が立ち込めたのが見えました。その一瞬ですが、銃は短い猟銃のように見え、その黒い銃口は一つの穴であったような、また、その下側が少し膨らんでいたような感じを受けました。銃声はクリスマスの時などに使うクラッカーの音を大きくしたような音であったように思いました」

「銃声がパンパンと鳴ると、私の視線が犬飼記者の方へ行くか行かないかのうちに、犬飼記者が「アー」という何とも言えない叫び声を出してソファーの上の左側へ弾き飛ばされるように倒れ、さらにソファーの前側に頭を南にして右手を上げたまま、仰向けに倒れました。左の腹の付近に血がにじんで見え、右手の指先からも血が流れていました」

「一方、小尻記者は、腰を浮かしてくるっと体を反転しながら両膝を屈して、彼が座っていたソファーに顔を埋め、ぐったりとうずくまり、「ウーン、ウーン」と呻き声を出しており、左脇腹付近に穴があいていたように見えました。犯人は、終始無言のままであり、右構えで撃った後、その姿勢のまま右に反転するのが見えましたが、その後は全く見ておりません」

「突然、目の前で考えられないことが起こり、私はただ呆然とソファーに座っていました。おそらく数秒間だったと思いますが、ふと我にかえって一一〇番をと思い、すぐに一一〇番をして「銃を持った男に襲われ、二人が怪我をした」と事件を通報しました」

「私はパンパンと続けざまに二回銃声を聞いたと申し上げましたが、その銃声の間隔が未だにわかりません。また、どちらが先に撃たれたかについても、動転していて記憶にありません。ただ、犯人の視線が最初犬飼記者の方を向いており、それに私の視線も犬飼記者に向けられていたので、最初の銃声は犬飼記者を撃ったものだと思い、二回目の銃声は小尻記者を撃ったものだと思います。この銃は、銃身が短い銃であったとの印象が残っています」

「私は未だにどうしてこのような大事件が起こったのか心当たりがありません。小尻記者は優しい、几帳面な性格でした。犬飼記者は優しい人柄であり、人に恨まれるような記者ではありませんでした。私は幸いに怪我はありませんでしたが、事件を目の当たりにして、犯人を憎んでも憎み足りない気持ちです」

犯行前、阪神支局に無言電話が続いていた

上記の供述調書や犬飼、高山両記者が現場に立ち会っての実況見分調書、取材班による追加取材や私の

考察も踏まえ、三〇年前の阪神支局での凶行を改めて振り返る。

阪神支局は、兵庫県西宮市の住宅街にあり、当時、局舎は鉄筋コンクリート四階建てだった。一階は販売店を統括する阪神朝日会の事務所とガレージ、二階は約一五〇平方メートルの編集室、三階は支局長住宅、四階は会議室になっていた。事件が起きた五月三日は日曜日で憲法記念日、三連休の初日だった。支局の当番勤務は犬飼、小尻、高山の各記者の三人。デスク役の大島支局長は三人が書いた原稿を本社に送った後、支局近くの寿司店での会合に出席した。午後七時頃、残る三人が二階編集室で夕食のすき焼きを準備。ソファーでくつろぎながらすき焼きを楽しみ、ほぼ食べ終えた午後八時一五分ごろに突然、散弾銃を手にした目出し帽の男が侵入してきた。うたた寝していた小尻記者のすぐ後ろ側の机の脇に立ち、散弾銃を小脇に抱え込んだ姿勢で、向かい側のソファーに座っていた犬飼記者に向けて発射した。距離は三〜四メートル。犬飼記者の左胸に命中させた。その直後、男はさらに二〜三歩前に踏み出し、振り向きざまに、銃口が接するほどの至近距離から小尻記者の脇腹めがけて二発目を撃った。小尻記者は、犬飼記者が撃たれた銃声で目が覚め、起き上がろうとしたため、男は驚き、小尻記者めがけて発射したとみられる。高山記者は銃声を聞いてソファーの後ろに隠れた。犯人は一瞬、銃口を高山記者に向けたが、そのまま体を反転させ、銃を抱えたまま歩いて立ち去った。犯行時間は一分足らず。犯人は終始無言だった。高山記者の目撃証言などから、使用された銃は恐らく二連式で、高山記者への「三発目の銃弾」は残っていなかったとみられる。

小尻知博記者

二人を撃った散弾の大きさは、直径約二センチ、長さ約五・八センチ。散弾粒は一粒が直径約二ミリで、これがプラスチック製カップワッズに約四〇〇個入ったものだった。小尻記者は至近距離から撃たれたため、カップワッズがそのまま体内に入り、胃の後ろ側で散弾粒が飛び散った。治療にあたった関西労災病院の診断書によれば、治療時間は三日午後八時四〇分から四日午前一時一〇分まで。止血、左腎臓摘出、脾臓摘出、心マッサージなどを行ったが、手術中に心停止し、輸血も行ったが回復しなかった。司法解剖の際に回収された散弾粒は、胃から六四個、小腸から一三個、腹腔内から九二個、摘出した左腎臓から二二個、計一九一個に及んだ。体内にとどまったカップワッズの中には約二〇〇個の散弾粒が残っていた。

被害者犬飼記者が見た犯人像(仮想)

一方、犬飼記者は、右手の小指が吹き飛び、薬指は皮一枚を残してぶら下がり、中指は半分ちぎれかけていた。救急車で運ばれた西宮市内の渡辺病院で緊急手術。薬指は切除され、中指は縫合手術で奇跡的に元のようにつながった。左胸はジャケットのポケットの鰻皮製の札入れと金属製ボールペンが防弾板の役割を果たした。それでも、心臓に約二ミリまで達していた散弾粒もあり、腹部、右手、左肘などに約八〇個の散弾粒が食い込み、至るところで内出血を起こしていた。本人も供述しているように、様々な幸運によって奇跡的に一命をとりとめた。

後に取材チームに加わる井川大三記者も当時、阪神支局員だった。五月の連休は三～五日に休みをとっていたが、三日は休日を自主返上して憲法関連の連載記事の取材をした。夕方、阪神支局へ上がって原稿を書こうと考えたが、取材の疲れが残り、自宅で原稿を書くことにした。あの日、もし支局で原稿を書いていたら小尻記者らとともに事件に巻き込まれていた可能性がある。井川記者は「四月後半から五月初めにかけて、夜になると支局に無言電話が続いていた。私も四～五回、無言電話を受けた。こちらが応答すると、プチッと切れる。犯人が支局の内情を探るためにかけていたのではないか」と振り返った。

阪神支局の現場の状況から言えるのは、犯人の明確な殺意だ。局舎に侵入したら、たまたま記者たちがいたから、やむなく銃の引き金を引いたのではない。犯人は最初から記者を殺すつもりだったのだと思われる。犬飼記者は長いリハビリを経て、一年後に記者として第一線に復帰した。定年で記者生活から引退した後、最後の赴任地の長野県内で平穏に暮らしていたが、二〇一八年一月一六日に七三歳で亡くなった。

第2章 犯行の経過

物語で再現・犯行経過

「赤報隊」による事件は、阪神支局襲撃事件を含めて計八件起きた。各事件は単独でも実行が可能だが、用意周到な犯行内容と逃走時の手際の良さなどから、結束の固い二〜三人の少数グループによる犯行の可能性が高い。三〇年前、犯人側はどんな経緯で、どんな思いで八件の犯行に及んだのか。あえて読物仕立てで事件の経過を追う。この章では、犯人グループを六〇歳代半ばの指導者と三〇歳代半ばの実行犯の二人とした。この想定と、二人の心理描写については私の推理、つまりは「創作」で筆を進める。具体的な人物を念頭に置いて記述した部分はまったくない。しかし、他の付随するデータはすべて取材や調査に基づく「事実」である。

一九八七年一月二四日、土曜日。この日、東京は曇り。最低気温は六・〇度で穏やかな冬の日だった。

午後八時過ぎ。東京・築地の朝日新聞東京本社の正面玄関わきの、人工庭園に接する歩道わきに乗用車が止まり、黒っぽい服装の男が降り立った。年齢は三〇歳代半ば。身長は約一六五センチ。男は大きな風呂敷包みを小脇に抱え、人工庭園への階段を上がり、低い植え込みの木陰にしゃがみ込んだ。

周辺は夜間、朝日新聞社の警備員が時々見回りに来るだけで、ほとんど人は通らない。男は周囲を見回しながら、風呂敷包みをおもむろに開き、中から散弾銃を取り出した。持ち運びの際に目立たないように銃身は短く切断されている。植え込みの斜面の上は朝日新聞東京本社ビルの二階で、広告局の執務室になっていた。室内はまだ明るく、社員の姿があった。

散弾銃を手にした男は、見回りの警備員がいないことを確かめたうえ、植え込みの低木越しに広告局のガラス窓の上部の壁に向かって照準を定め、散弾銃の引き金を引いた。「パーン」「パーン」と二発、乾いた音が響いた。室内で人影が動いた。だが、しばらくすると、その動きも止んだ。

男は散弾銃を風呂敷で包み直すと、やおら立ち上がり、階段を駆け下りた。歩道わきには先ほどの乗用車が止まっていた。男はすばやく助手席に乗り込んだ。運転席には六〇歳代半ばの男が待っていた。車はすぐに現場を離れた。

「ご苦労さん。よくやった」。運転席の男は車を走らせながら、助手席の男にねぎらいの言葉をかけた。

乗用車は都心の事務所への帰途、最寄りの郵便局のポストに立ち寄り、手紙を二通投函した。一通は共同通信社宛て、もう一通は時事通信社宛てで、それぞれ同じ文面のワープロ打ちの手紙が同封されていた。

手紙は以下の文面だった。

最初の犯行声明文

告

われわれは日本人である。

日本にうまれ　日本にすみ　日本の自然風土を母とし
日本の伝統を父としてきた。

われわれの先祖は　みなそうであった。

われわれも　われわれの後輩も　そうでなければならない。

ところが　戦後四十一年間　この日本で日本が否定されつづけてきた。

占領軍政いらい　日本人が日本の文化伝統を破壊するという悪しき風潮が　世の隅隅にまでいきわたっている。

およそ人一人殺せば死刑となる。

まして日本民族全体を滅亡させようとする者に　いかなる大罰を与えるべきか。

極刑以外にない。

われわれは日本国内外にうごめく反日分子を処刑するために結成された実行部隊である。

一月二十四日の朝日新聞社への行動はその一歩である。

これまで反日世論を育成してきたマスコミには厳罰を加えなければならない。

特に　朝日は悪質である。
彼らを助ける者も同罪である。
以後われわれの最後の一人が死ぬまで　この活動は続くであろう。
日本人のあるかぎり　われわれは日本のどこにでもいる。
全国の同志は　われわれの後に続き　内外の反日分子を一掃せよ。
二千六百四十七年　一月二十四日
日本民族独立義勇軍　別動
赤報隊　一同

この手紙、朝日新聞東京本社銃撃の犯行声明文の原文を書いたのは、乗用車を運転していた六〇歳代半ばの男だった。右翼・民族派の活動家で、名前を仮に山田太郎とする。戦時中は学徒出陣で従軍経験があり、戦後は会社を経営しながら、自治省(現在の総務省)には届け出ないまま小さな政治団体を作り、その代表を務めていた。旧軍関係者との会合にもこまめに顔を出していた。五年前の八二年にやはり軍務経験(主計将校)のある中曽根康弘氏が首相に就任した際は、旧軍の仲間たちと祝賀会を催したほど、入れ込んでいた。

散弾銃を発射した三〇歳代半ばの男は、山田の政治団体の構成員。名前を仮に山下五郎とする。山田は、山下の若さや行動力に理解と共感を寄せていた。山下は、当時売り出されたばかりのシャープ製ワープロ「WD―20」を使い、山田の書いた犯行声明文の清書を引き受けていた。

山田が部下の山下を引き込んで、朝日新聞社に散弾銃を撃ち込もうと思い詰めたきっかけの一つは、その前年、一九八六年一一月二五日の朝日新聞の紙面だった。

この日の朝刊で、朝日新聞は中曽根政権が満を持して国会に再上程の動きを見せた国家秘密法案に、真正面から反対の姿勢を示していた。一面のトップ記事は「国家秘密法　増える反対議会」の横見出しで、「促進議決に目立つ論議不足」「大半は法案が固まる前」「α連合　推進へ大きな役割」と三本の縦見出し。地方議会で国家秘密法に反対する決議が増えていることを伝えた。一方で、各地で広がっていた促進決議は論議不足のまま採決されるケースが大半と指摘していた。

見開き二ページの特設面も設け、「国家秘密法　いつから　誰が　いつの間に」「地方は半分賛成って本当？」の横見出し。「本社全国実態調査」の結果として、都道府県別の国家秘密法をめぐる地方議会の議決状況を地図付きでまとめていた。縦見出しは、「危機感……反対の輪が広がっている」「促進？　反対？当の議員も忘れている」「議決は小さな町村に偏っている」「安易な促進ムードは弱まっている」「α連合が活動を支えている」「中身知り三〇議会が反対に回っている」「草の根方式を促進派も使っている」と計七本。社会面も見開きで、国家秘密法をめぐる各地の動き、とりわけ反対派の動きを詳しく紹介していた。一つの政治的テーマに絞り、一面から社会面まで計五ページを費やしての記事。読者に大きなインパクトを与える紙面構成だった。

「いくら赤がかった朝日だからといって、やりすぎではないのか？」

山田は憤懣やるかたない表情でつぶやいた。

朝日新聞の紙面に対する山田の憤りは、国家秘密法の問題に限ったことではなかった。金脈問題による田中角栄内閣退陣、さらに三木武夫内閣などの後を受けて、中曽根氏が首相に就任したのが八二年一一月。以来、朝日新聞は中曽根政権のタカ派的な政策を厳しく批判し続け、山田の怒りは火山の地下のマグマのように蓄積されていた。

中曽根政権は、「戦後政治の総決算」「日本列島を不沈空母に」といった政治スローガンを掲げてきた。五年間に及ぶ首相在任中、防衛費が対ＧＮＰ比一％の枠を超えた。「憲法改正」も熱心に主張し、「戦争放棄」を謳った九条をめぐって、憲法学者でもあった土井たか子・社会党衆議院議員（故人）との間で、真正面から激しい国会論戦を繰り広げたこともあった。

八四年八月、中曽根政権は「閣僚の靖国神社参拝問題に関する懇談会」を発足させ、同懇談会から「憲法の政教分離の原則に抵触しない形での公式参拝の方法を検討すべきだ」との報告を受けた。これを踏まえ、政府は「神道の形式を薄めた参拝のやり方」を採用。翌八五年八月、中曽根首相は満を持してほぼ全閣僚を率いて靖国神社に初めて「公式参拝」した。

朝日新聞は中曽根首相らの公式参拝について、「憲法で定められた政教分離の原則に反する」などを根拠にして反対した。中国で急速に広がった反対デモなどの動きについても紙面で詳しく伝えた。その数年前から靖国問題に神経をとがらせてきた中国では、中曽根首相の靖国参拝への評価をめぐり胡耀邦総書記（故人）が窮地に追い込まれる事態に発展した。中曽根首相は盟友だった胡耀邦総書記の立場にも配慮し、「公式参拝は制度化したものではない」「各国の反応を注意深く見守ってきた」と慎重な姿勢を表明。翌八六年八月一五日の公式参拝を取りやめた。

八六年夏、「日本を守る国民会議」（後の「日本会議」）に集う保守派の学者たちが作成した高校教科書『新編日本史』が文部省の検定を通過した。この教科書の内容について、朝日新聞は「復古調である」として厳しく批判。中国政府も、南京虐殺をめぐり「事実関係を調査中」などとした同教科書の「曖昧な記述」について、激しく反発した。韓国政府も、伊藤博文を暗殺した安重根の取り扱いが「壮士」(韓国側は、この言葉に無頼者のイメージがあると指摘＝筆者注)となっていたことについて、「韓国の英雄への侮辱」と猛反発した。

中曽根首相は、教科書検定基準の「近隣諸国(への配慮)条項」に基づく「再検討指示」を何度も出し、最終的には両国の理解を得られる形に修正された。中曽根首相が八六年夏、「日本はスパイ天国と言われており、法案を作ることは正しい」と述べ、国会に再提出する動きを見せていた国家秘密法についても、同年一二月、断念することを決めた。中曽根政権の発足とともに内閣官房長官となり、同政権を支え続けた後藤田正晴氏(故人。八六年当時も内閣官房長官)が慎重な政策遂行を助言したことも、中曽根首相の判断に影響を与えていた。

しかし、右翼陣営の間では、中曽根政権の相次ぐ後退姿勢への不満は高まるばかりだった。八六年暮れ、東京の数十の右翼団体が街宣車を連ねて群馬県高崎市に押しかけ、中曽根首相の地元事務所の周辺を走り回った。同年一一月には同市内にあった中曽根家の墓石が破壊される事件まで起きた。「中曽根と朝日新聞は絶対に許せない」。右翼陣営の苛立ちが募り、不穏な空気が広がる中で、山田は部下の山下に声をかけ、朝日新聞東京本社銃撃を決行したのだった。

山田が、犯行声明文の差出人を「赤報隊」としたのは、幕末に草莽の士として維新運動に身を捧げながら、最後には「偽官軍」として処刑されてしまう、歴史上実在した「赤報隊」の悲劇に同情し、共感を寄せていたからだ。日付を西暦ではなく、神武天皇を起源とする皇紀で「二千六百四十七年」としたのは、皇紀を使用していた戦前社会への、山田の深い愛着、郷愁によるものだった。

しかし、二人が実行した最初の「事件」は、朝日新聞などの紙面でまったく報じられず、世間に知られることはなかった。

朝日新聞はなぜ、赤報隊の最初の事件を記事にしなかったのか。社内向けに刊行された『朝日新聞襲撃事件の10年（編年史別巻）』などを参考に、その経緯をあらためて振り返る。

犯行声明文が入った手紙が時事通信社に届いたのは、銃撃の二日後、一月二六日の午前九時〜一〇時ごろだった。同社で郵便物の社内配布を担当する総務部員が開封し、文面を読んで社会部に回した。社会部の遊軍記者は、声明文の実物をオートバイ便で警視庁クラブに送った。警視庁クラブの公安担当記者は、そのコピーを警視庁に提出している。封筒は社会部デスク周辺で捨ててしまったという。共同通信社も犯行声明文を受け取っていたが、声明文、封筒とも捨てられてしまい、どのように扱われたのか、記録も残っていない。

時事通信社の公安担当記者は、朝日新聞の公安担当だった記者にもコピーを見せた。この記者は二八日午後、東京本社の警備センターに電話し、「一月二四日に何か異常はなかったか」と尋ねている。大阪、名古屋、西部（福岡）各本社にも同様の電話を入れたが、いずれも問題となるような報告はなかった。この記者は警視庁公安部に「四本社とも事件は起きていないようだ」と説明している。

翌二九日、警視庁築地署の警官十余人が動員され、朝日新聞東京本社の周辺を一時間ほどかけて調べた。朝日新聞社の警備センターも、この調査に立ち会った。しかし、何も発見できなかった。このため、記事にしようにも、その根拠となる「事実」を把握することができなかったのだ。

しかし、以下の「事実」はあった。一月二四日の午後八時以降。朝日新聞東京本社二階の広告局では社員六人が勤務を続け、朝刊の広告の紙面作りをしていた。このうち五人が「パシャッ」といった何かが窓ガラスにぶつかるような音を聞いていた。「なんだ、なんだ」と誰かが言い出して間もなく、もう一度、同じような音がした。音を聞いた社員のうちの三人が、不審に思い、非常口から窓の外のテラスに出て、周囲の様子をうかがった。テラスの外側には、植え込みなどが続く人工庭園の斜面が歩道際まで広がっていた。この植え込みの陰で、散弾銃を撃った男が身を隠していたはずだが、それに気づいた社員はいなかった。数分後、三人とも室内に戻った。

朝日新聞社と警視庁が、東京本社銃撃の「事実」を確認できたのは八か月後の一〇月一日の実況見分の時だった。広告局の当日勤務者からの事情聴取も、この時になって初めて行われた。実況見分では、壁に残る弾痕の入射角などから散弾銃を発射した場所が広告局の下側の植え込み付近であったことが裏付けられた。また、未燃焼の火薬が発射場所付近で見つかったことなどから、銃身を短く切断した銃が使用されたことも確認された。

ここまで書いてきた朝日新聞社側の事情については、山田も山下も当然、知る由がなかった。犯行から数日間を経ても、朝日新聞をはじめ、どの新聞もテレビもまったく報じていないことを知り、山田は激怒した。

「数年前、日本民族独立義勇軍の事件は記事になった。あの時は火炎瓶や松明を投げ込む事件だったが、俺たちは銃を使ったのだ。どういうことなんだ」

山田が書いた犯行声明文は、差出人を「日本民族独立義勇軍　別動　赤報隊」としていた。一九八一年から八三年にかけて、神戸の米国総領事館への松明投げ込み、横浜の元米軍住宅放火、大阪のソ連総領事館への火炎瓶投げ込み、朝日新聞の東京・名古屋両本社への同時放火——と計五件のゲリラ事件を起こし、その度に「日本民族独立義勇軍」名の犯行声明文を送りつけてきた謎のグループ。警察の懸命の捜査にもかかわらず、すべて未解決のままだ。山田は、その「日本民族独立義勇軍」に敬意を表して、「別動」を名乗ったのだ。だが、銃撃の「事実」が報道されないままでは、そうした山田の思いはどこにも伝わらなかった。

山田と山下は何日も話し合った末、結論を出した。

「我々が本気であることを見せるため、朝日新聞社の施設をもう一度襲撃する。今度は容赦しない。記者に向かって散弾銃を撃つ」

決行日は五月三日と決めた。憲法記念日の祝日だったが、山田にしてみれば、日本国憲法は占領米軍から押し付けられたものでしかない。五月三日は「極東軍事裁判の開廷日」でもあった。開戦時の東条英機首相らが戦争責任を問われて死刑判決を受けることになった裁判。つまりは「占領米軍によって戦後の日本がねじ曲げられるきっかけとなった日」だった。

山田は旧知のツテを通じて朝日新聞社の元社員が持っていた社員手帳と社員名簿を入手した。これらの資料で、全国の支局（現在は総局と呼称）の住所地を調べた。県庁所在地にある支局は記者の人数が多すぎるとして、襲撃対象から外した。一人持ち場の通信局（現在は支局と呼称）も、記者が不在の時が多いとして、やはり候補から外した。二人は、県庁所在地以外の都市にある各地の拠点支局の幾つかを、一緒に見て回り、阪神支局を標的にすることを決めた。阪神支局は兵庫県西宮市の中心部、西宮市役所の近くにあったが、夜間は暗く、人通りも少なくなった。約三〇〇メートル南に阪神高速道路があり、犯行後の逃走にも利用できそうだった。また社員名簿から、国家秘密法への反対運動に熱心に取り組んだ大島次郎・元新聞労連委員長が阪神支局長であることも分かり、山田たちにとっては「襲撃の大義名分」となった。

山田は、以下の犯行声明文を用意した。前回と同様、山田が手書きした原稿を山下がシャープ製のワープロで清書した。

二通目の犯行声明文

告

われわれは　ほかの心ある日本人とおなじように　この日本の国土　文化　伝統を愛する。

それゆえにこの日本を否定するものを許さない。

一月二十四日　われわれは朝日新聞東京本社東がわに数発の弾を発射した。

だが　朝日は　われわれが警告文をおくった共同　時事と共謀して　それを隠した。

われわれは本気である。

すべての朝日社員に死刑を言いわたす。

きょうの関西での動きはてはじめである。

警告を無視した朝日には　第二の天罰をくわえる。
ほかのマスコミも同罪である。
反日分子には極刑あるのみである。
われわれは最後の一人が死ぬまで処刑活動を続ける。
二六四七年　五月三日
赤報隊　一同

山田は、「われわれは　ほかの心ある日本人とおなじように」という書き出しの表現に強くこだわった。「心ある日本人」は、これから自分たちが起こす事件に共感してほしい。いや、共感してくれなければならない、と。そして、一月二四日の東京本社銃撃の際に送りつけた犯行声明文も、一緒に同封することにした。

阪神支局の周辺の下見は、二人で入念に行った。支局に無言電話を繰り返して探りを入れ、日曜や祝日は出番の記者が三〜四人であることも確かめた。支局の西側の道路は南向きの一方通行で、車で数分走れば高速道路に入って大阪市内へ逃走できる。さらに、支局一階の歩道に面した外壁の外側に、コンクリート製の戸板のような掲示板があり、外壁との間に幅約五〇センチ、長さ三メートルの空間があることも確認した。この空間に潜めば、安全に犯行を準備できる、と二人は確信した。

五月三日当日。朝方は雨だったが、午後になって上がった。まずまずの行楽日和となり、午後六時、阪神支局の東南約二・五キロにある阪神甲子園球場では、五万人の大観衆を集め、阪神対大洋(現在の横浜De

NAベイスターズ）のナイトゲームが始まった。阪神は中西清起投手の活躍などで辛勝している。

午後八時。NHK総合テレビで大河ドラマ「独眼竜政宗」が始まった頃、山田が運転し、山下が同乗する乗用車が阪神支局前の路上で止まった。助手席から風呂敷包みを抱えた山下が降り立ち、掲示板の裏側、支局の外壁との間の空間に滑り込むように隠れた。そこで風呂敷包みから銃身を短く切断した散弾銃を取り出し、目出し帽を深くかぶって、決行の予定時刻を待った。

午後八時一五分。山下はおもむろに立ち上がり、正面出入り口から支局に侵入し、二階の編集室への階段を駆け上がった。支局内での凶行の様子は、第1章にある犬飼、高山両記者の供述調書の通りである。

無言のまま犯行を終えた山下は、支局の階段を急いで駆け下りた。掲示板の裏側の隙間で目出し帽を脱ぎ、散弾銃を風呂敷で包むと、何食わぬ表情で歩道に出て、ゆっくり歩き始めた。支局近くの暗がりには、山田が運転する乗用車が待機しており、山下はすぐに乗り込んだ。乗用車は阪神高速神戸線の高架道路に上がって大阪市内へ向かった。山田は同市中心部の郵便ポストに共同・時事両通信社宛ての犯行声明文を投函し、そのまま名神・東名の高速道路を走り、東京へ戻った。

今度は日本中が大騒ぎになった。二九歳の小尻記者が射殺され、四二歳の犬飼記者が重傷を負うという大事件であり、各新聞もテレビも連日事件について報道した。山田が投函した「赤報隊」名の犯行声明文についても、共同・時事両通信社に届いた五月六日以降、各紙が大々的に取り上げた。しかし、そのほとんどが赤報隊の行動を「言論機関へのテロ」として糾弾する内容だった。

「情けない。俺たちの命がけの行動がなぜ、理解されないのだ」

山田は、自ら書いた犯行声明文を何度も読み返しては、ため息をついた。さらに、同封していた一月二四日付の犯行声明文について触れた記事がほとんど見当たらないことにも、強い不満を持った。

「朝日新聞は、俺たちが東京本社を銃撃したことを、どこまでも隠し通すつもりなのか」

実は五月七日早朝、警視庁公安三課と築地署は朝日新聞社の社屋周辺を再捜索していた。六日に届いた赤報隊の犯行声明文に再度、東京本社を銃撃したと書かれていたためだった。しかし、動員された署員はわずか三人。それも約三〇分間の捜索で、何も発見できなかったのだ。

一方、殺された二九歳の記者が優しく温かいハートを持ち、二歳半の一人娘が後に残されたことなどが報道されると、世間の同情が集まり、犯人への怒りは日ごとに高まっていた。保守的な論調の読売、産経などの新聞も、「言論・報道機関への問答無用のテロを許さない」と主張し、赤報隊の行動を糾弾する論陣に加わっていた。

「これでは、やられっぱなしだ。俺たちがなぜ、決起したのか。こうなれば、力ずくで奴らに分からせてやるしかない」

山田は朝日新聞社に対する「第三の事件」を起こすことを決意した。もちろん、山下も同意した。とはいえ、全国の朝日新聞社の取材網となる支局や通信局などの施設は、警察の警備などが厳しくなっていた。山田は「朝日新聞の関連の施設で、警備が手薄なところを見つけるぞ」と山下に伝えた。

山田が手にした分厚い社員名簿には、東京、大阪、名古屋、福岡の社員寮の住所地も記されていた。その中から名古屋市東区新出来町にあった鉄筋コンクリート三階建ての単身者寮を標的に選んだ。繁華街から離れた静かな住宅街にあり、夜間の人通りが少ない、というのが選んだ理由だった。しかし、難点があることも分かった。朝日新聞の寮の前の広場を取り囲むようにマンションが建ち並んでおり、この広場を突っ切る際にマンション住民から目撃される危険があった。二人は、社員寮への無言電話を試みたが、いつでも寮母とみられる女性が電話口に出るため、寮の内部の様子をつかむのは困難だったのだ。

決行の日は九月二四日とした。山田たちが心酔する西郷隆盛が明治初め、反政府運動に加わった旧薩摩藩士らとともに西南戦争を起こし、故郷の鹿児島の城山に追い詰められて自決した日だった。山田は、事件の一か月前の八月二四日、以下の犯行声明文を書いた。

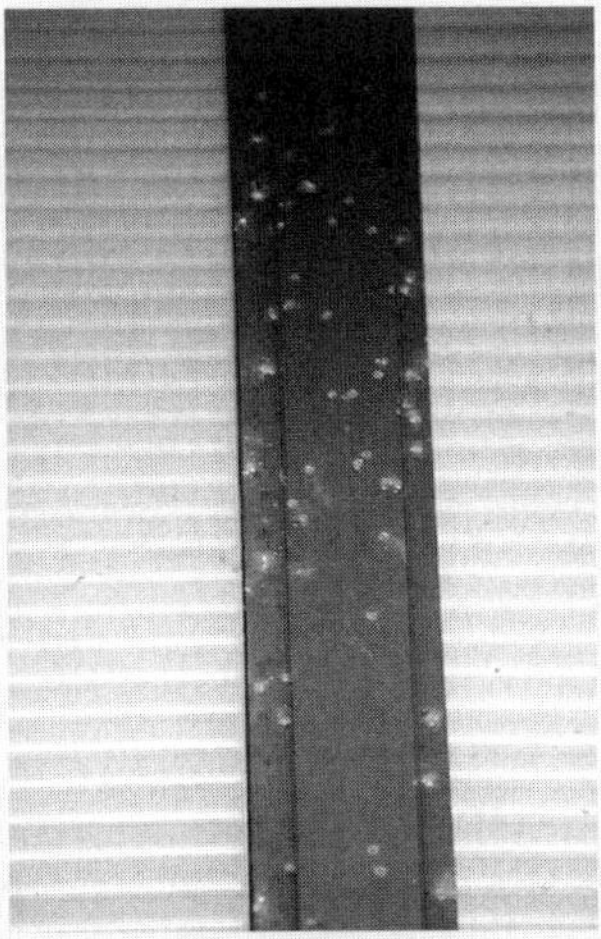

東京本社２階広告局の窓ガラスと
鉄サッシに散弾の鉛粒が当たった跡

東京本社広告局(左側)のガラス窓に当たった散弾の
跡を調べる警視庁の鑑識課員ら

三通目の犯行声明文

告

わが隊は　中京方面で予定どおり反日分子の処罰をした。
処刑は　これからも続く。
阪神での処刑を　朝日は暴力にすりかえた。
ほんとうの暴力は　暴力の形をしていない。
うその言論で　日本民族全体をほろぼそうとしてきた朝日は　暴力でないのか。
わが隊の処刑は　四十二年間つもりつもった日本民族のうらみの表れである。
わが隊は　いつかは権力とのたたかいで　玉砕する。
けれども　後には一億の赤報隊が続く。
ひとりでも日本人が残っていれば　反日分子に安全なところはない。
朝日をたすける者も　ゆるさない。
反日朝日は　五十年前にかえれ。
二六四七年　八月　二四日
赤報隊　一同

山田が考え抜いた文面だった。記者射殺を「言論へのテロ」と批判する朝日新聞に対して、「うその言論で　日本民族全体をほろぼそうとしてきた朝日は　暴力でないのか」と反論。朝日新聞の言論活動を「言論の形をした暴力」と決めつけていた。最後に「反日朝日は　五十年前にかえれ」として、戦時体制に全面的に協力していた戦前の朝日新聞の姿に戻れと主張。戦前体制への回帰を求める山田の実感がこもった呼びかけだった。日付が犯行声明文を書いた「八月二四日」のままだったのは、ワープロで清書した部下の山下の凡ミスだった。

九月二四日は雨上がりだった。午後七時過ぎ、二人は予定通り、新出来寮の近くへ車で乗りつけた。秋分の日の翌日、この時間でも戸外には薄明かりが残っていた。山下は車内で目出し帽をかぶり、散弾銃を風呂敷包みから取り出し、銃を抱え込みながら車外へ。山下は新出来寮を目指し、マンション群に囲まれた広場を歩いて突っ切ろうとした。その時、やはり広場を歩く青年と出くわした。山下はものすごい形相で青年を睨みつけ、「俺の邪魔をするな」と心の中で叫んだ。青年は、山下の視線とぶつかって、ひるみ、すくみあがり、歩けなくなった。山下の怒気に満ちた眼が脳裏に焼きつき、この青年はしばらく眠れない日々が続いたという。

山下は靴を履いたまま、散弾銃を小脇に抱えて、朝日新聞社の新出来寮の玄関から踏み込んだ。食堂にも居間にも人はいなかった。やむなく、銃口を居間のテレビのチャンネルに向けて発射した。プラスチック製のチャンネルが粉々に砕け散った。二連式の散弾銃には、もう一発の弾が残っていたが、途中で社員に出くわす危険に備えて、そのままにし、再び玄関から出て建物の反対側の裏口に回った。そこで、散弾銃をコンクリートの塀に向けて発射。銃身を空にした銃と、脱いだ目出し帽を風呂敷に入れ、心を落ち着かせながら、ゆっくり歩き始めた。その直後、新出来寮の真向かいの民家から老人が出てきて、山下と出くわしてしまった。老人は警戒しているような表情だったので、山下はとっさに「何か音がしただろう」と声をかけた。老人は居間で巨人—中日戦をテレビ観戦していた時、「ピシーッ」という物音を聞いて外に出たところだった。老人は頷き、山下と一言二言さらに言葉を交わした。「いかん。顔を見られてしまった」。山下は焦ったが、それを悟られないように悠然とした感じで歩き、老人から離れた。尾行を警戒して予定の道は通らず、狭い路地を抜けるように走り、山田の待つ車にたどり着いた。

新出来寮への襲撃事件は、「赤報隊、再び動く」として、各新聞、テレビが大きく報じた。事件の三日後に共同・時事両通信社に届いた犯行声明文も記事になった。一月二四日に東京本社を銃撃した事実についても、朝日新聞がやっと報じた。しかし、山田と山下は浮かない表情のままだった。

「あの夕食の時間帯なら、標的(朝日社員)は必ずいると思ったのに、いなかった。しかも、逃げる際、じいさんに顔を見られてしまった」

実は、山下と言葉を交わした老人は、「警察嫌いの人」として近所でも知られ、愛知県警は十分な事情聴取ができず、似顔絵も作成しなかった。しかし、山下にはそれを知る由もない。「そのうち、自分の似顔絵が手配されるのではないのか」と疑心暗鬼になり、「朝日新聞への攻撃は中断する」ことを二人で決めた。

山田と山下が動きを止めている間に、政治の方が動き出した。八七年一〇月、中曽根首相は次期自民党総裁選に立候補しないことを表明。引退後も隠然たる影響力を保っていた田中角栄元首相(故人)のグループから、幹部の竹下登氏(故人)が仲間を引き連れて独立し、後継首相の座を目指して「経世会」という派閥を立ち上げた。経世会に属する議員は一〇〇人を超え、竹下氏は有力な後継候補に躍り出た。だが、「金権政治家」のイメージがあった竹下氏に右翼陣営は猛反発し、切断した小指、拳銃、拳銃弾を竹下事務所に送りつけるなど、不穏な動きが相次いだ。四国の右翼団体「皇民党」が「日本一金儲けのうまい竹下さんを首相に」と街宣車から呼びかける、いわゆる「ほめ殺し」街宣を始めると、同様の動きが全国各地の右翼団体に広がった。

山田たちにも、竹下陣営を「攻撃」する各地の右翼の動きが伝わってきた。さらに、「ほめ殺し」街宣を抑え込むための竹下陣営の「姑息な動き」についても、山田たちの耳に入るようになった。竹下氏の盟友の金丸信氏(故人)が旧知の財界人に頼み、さらに、この財界人が暴力団稲川会会長に頼んで、「ほめ殺し」街宣が止まった。その背後で、多額の金が動いたというのだ。

こうした金の流れについては数年後、いわゆる「佐川急便による暴力団企業への不正融資事件」「闇献金・脱税事件」として検察によって摘発されることになるが、とりあえずは「ほめ殺し」街宣は止まった。一一月には大方の予想通り、中曽根首相は政権の座を竹下氏に禅譲した。

「竹下はほめ殺し街宣に怯えた。われわれ民族派の圧力に弱い。赤報隊の名でもっと圧力をかければ、靖国神社を公式参拝させることができそうだ」

山田はそう考え、もう一度だけ行動を起こすことを決めた。

愛知(新出来寮)事件犯人像

「赤報隊の名を歴史に残すためだ。今度こそ、はっきりした戦果を上げたい。竹下に靖国参拝を必ずさせる」

山田の提案に、山下も賛成した。

二人が考えた「作戦」は、朝日新聞の施設に攻撃を仕掛け、その裏側で中曽根、竹下の二人に靖国参拝を要求する手紙、脅迫状を密かに送りつける、というものだった。

山田たちはまず、朝日新聞の施設への攻撃方法を検討した。散弾銃を持って施設に侵入することは危険なので、もうできない。そこで、かつて日本民族独立義勇軍が朝日新聞東京本社への攻撃で使った「時限式爆発物」を作ることにした。山下が、新左翼の「東アジア反日武装戦線・狼」編の爆弾教本『腹腹時計』などを参考に設計図を作り、秋葉原の電気問屋街で部品一式を買い揃えた。標的は繁華街の中にある静岡支局(現在の静岡総局)とすることにした。繁華街を行き交う買物客などに紛れて時限爆破装置を置き、逃走後に爆発させる。散弾銃を携えて支局に侵入するよりは、はるかに安全に作戦を遂行できる。二人はそう考えた。

山田は犯行声明文を書き始めた。「これが最後の事件」と思い定め、日頃から考えている朝日新聞への怒り、恨み、そして他の報道機関への不満をぶつける内容となった。

四通目の犯行声明文

告

わが隊は　静岡で反日分子を処罰した。

わが隊は正しい。

朝日は　日本人の心から大和だましいをとってしまった。

朝日は言論の自由をまもれというが　そんなものは初めからない。

朝日のいう言論の自由は　連合国の反日宣伝の自由である。

七年間の占領のあいだに連合国に検閲されて書かされたうその記事を　朝日はまちがっていたとみとめたことがあるか。

わが隊の布告をのせたことがあるか。

今もうそをつきつづけている。

わが隊は日本民族をうらぎる者をゆるさない。

東京より大阪の朝日のほうが反日的である。

一人一殺　一殺多生はもう古い。

これだけ反日分子が多ければ　一人多殺　多殺多生しかない。

日本を愛する同志は　朝日　毎日　東京などの反日マスコミをできる方法で罰していこう。

二六四八年　三月十一日
赤報隊　一同

静岡（静岡支局）事件不審者
似顔絵

戦後、米軍を中心とする連合国側は、「日本社会の民主化を進め、軍国主義を一掃するため」として、占領時代を通じて新聞記事の検閲を実施した。広島、長崎の原爆被害についても、検閲によって報道内容を規制された。朝日新聞をはじめ各社がその事実を隠しているわけではない。しかし、戦前の日本社会を知る山田にしてみれば、「戦前体制下での軍部による検閲を容赦なく批判するマスコミが、戦後の米軍による検閲を表立って批判しないことの矛盾」を、どうしても指摘しておきたかったのだ。「わが隊の布告をのせたことがあるか」と書いたのは、山田がこれまでに書いた犯行声明文の全文を紙面で掲載していたかどうか、を問うていた。とりわけ、山田が最初に書いた東京本社銃撃の際の「布告」＝犯行声明文について、朝日新聞などがまったく取り上げなかったことへの怒りを改めて示したのだった。

「一人一殺」「一殺多生」は戦前、要人暗殺事件を重ねた血盟団を指導した日蓮宗僧侶・井上日召の唱えた理念だった。山田は、これを「古い」として、「一人多殺」「多殺多生」を主張したのだ。

「東京より大阪の朝日のほうが反日的である」と書いたのは、戦前の朝日新聞を知る山田らしい指摘だった。朝日新聞は太平洋戦争開戦の前年、一九四〇年に東西の社説が一本化されるまで、東京朝日と大阪朝日が異なる社説を掲載していた。その時代、大阪朝日の社説の方が、東京朝日の社説よりもリベラルな論調だったのだ。あるいは、阪神支局での事件の後、大阪社会部の記者が全国を飛び回って取材を続けており、その動きが山田らにも時おり伝わっていた。「大阪の記者は目障りだ」という日頃の思いが、こう書かせたのかもしれない。

静岡支局周辺の下見は、今回も二人で入念に重ねた。その後、山田は山下に対し、こう告げた。

「当日の行動は、私一人でやる。静岡支局に時限式爆発物を放置し、その足で中曽根前首相と竹下首相宛ての手紙を投函する。一人で十分に実行できる」

これまで、散弾銃を携えて現場に侵入する行動はすべて若い山下にさせてきた。山下は名古屋の社員寮の現場で素顔を目撃されてもいる。山田は、これ以上、山下を危険にさらすことはできない、と考えたのだ。

もちろん、政治家宛ての脅迫状を書いたのも山田だった。

中曽根・竹下脅迫

中曽根前首相宛ての脅迫状はこうしたためた。

拝啓
わが隊は日本民族の裏切りものを処刑するためにある。
貴殿は総理であったとき靖国参拝や教科書問題で日本民族を裏切った。
英霊はみんな貴殿をのろっている。
わが隊は去年二月二七日のよる　全生庵で貴殿をねらった。

うしろのかいだんからのぼって　あとすこしで殺せたが　警官がおおかったので中止した。

今日また朝日を処罰した。

つぎは貴殿のばんだ。

わが隊は処刑するまで追いつづける。

貴殿が病気で死ねば　むすこをねらう。

もし処刑リストからはずしてほしければ　竹下に圧力をかけろ。

貴殿のあやまちとおなじことをさせるな。

竹下のやりかたをみて　はずすかどうか決める。

日本人であることを忘れるな。

二六四八年　三月十一日

赤報隊　一同

中曽根前首相への脅迫状は、怒りに満ちた文面になっていた。「裏切りものを処刑する」「貴殿は総理であったとき靖国参拝や教科書問題で日本民族を裏切った」と言い切り、さらに「去年二月二七日のよる全生庵で貴殿をねらった」と書いていた。全生庵は東京・谷中の古刹で、今も財界人らによる座禅が行われている。当時、中曽根首相の参禅予定日は極秘だったが、新聞の「首相動静欄」で「全生庵で参禅」の日を見つけ、後付け的に「あとすこしで殺せた」とつづったのだ。

竹下首相宛ての手紙は、さらに簡潔な内容だった。

拝啓
貴殿は中曽根よりまだましと思う。
日本の総理になったら靖国に参拝するはずである。
中曽根は外国におどされておどされて(原文のママ=筆者注)日本民族を裏切った。
英霊はみんなおこっている　のろっている。
貴殿が八月に靖国参拝をしなかったら　わが隊の処刑リストに名前をのせる。
五年たっても一〇年たってもわが隊のさいごのひとりまで貴殿を狙いつづける。
日本人としてただしいことをしていれば　リストにはのせない。
二六四八年　三月十一日
赤報隊　一同

この脅迫状は、中曽根、竹下両氏の地元事務所にだけ送ることにした。共同・時事両通信社への送付を取りやめたのは、文面を世間に公表させることが目的ではなく、竹下首相に「圧力」をかけ、「圧力」に弱いはずの同首相に靖国参拝を実行させるためだった。

三月一一日の金曜日。この日は晴れたり曇ったりの天気だった。早朝、山田は時限式爆発物を入れた紙袋を携え、一人で東京駅から新幹線の「ひかり」に乗り、静岡へ向かった。正午ごろ、静岡駅で降りると、駅前でタクシーを拾い、朝日新聞静岡支局の近くの交差点まで乗った。静岡支局は繁華街の一角にあり、大勢の買物客らが行き交っていた。その人ごみに紛れて、山田は静岡支局の局舎脇に止めてあった自転車の前輪の下に、時限式爆発物を入れた紙袋を置き、すぐに人ごみの中に戻った。そのまま、繁華街を南へ五〇〇メートルほど歩き、静岡中央郵便局の前にある郵便ポストに脅迫状を投函した。誰に気づかれることもなく、静岡駅まで歩いて戻り、新幹線の「ひかり」で東京に戻った。ただし、山田を静岡駅から支局近くまで乗せたタクシーの運転手が、山田の不審な動きに気づいていた。

朝日新聞側が時限式爆発物を見つけたのは、翌一二日の朝になってから。午前九時過ぎ、出勤してきたアルバイトの女性が自転車の下の不審な紙袋を見つけ、当直の江木慎吾記者に伝えた。江木記者も時計やコードなどから「時限式爆発物」と直感し、辺津芳次支局長(故人)に連絡。同支局長はすぐに静岡県警に通報した。

時限式爆発物は結局、時限装置部分の時計の短針と長針の接触が不良で、爆発はしなかった。もし、爆発していれば、近くにいる人を殺傷する能力があった。静岡県警はそう判断し、殺人未遂事件として捜査が始まった。一三日になって山田が投函した「赤報隊」からの犯行声明文が東京の通信社に届き、事件は一連の朝日新聞社襲撃事件に加えられた。その三日後の一六日になって、中曽根前首相に脅迫状が届いていたことを朝日新聞が報じたが、竹下首相宛ての脅迫状についてはまったく報じられなかった。山田は「きっと竹下の事務所が警察に届けなかったのだ。ということは、われわれの手紙の指示通り、竹下が靖国神社参拝をするかもしれない」と考えた。山田は期待して事態の推移を見守った。

竹下首相はこの年の夏、国会で靖国参拝についてのらりくらりとした答弁を続けた。参拝するかどうか態度を表明しないまま、八月一五日を迎え、最終的には参拝をしなかった。竹下首相に脅迫状が届いていた事実が世間に「発覚」するのは、九年後の一九九七年に朝日新聞の事件取材班が報じてからだった。

山田が爆発物入りの紙袋を抱えて静岡駅前から乗り込んだタクシーの運転手は、山田の様子を訝しみ、後日、警察に届け出た。大きな紙袋の色や図柄についても記憶していた。この運転手の協力で「六〇歳前後の不審な男」の似顔絵が作成された。だが、山田は意に介さなかった。どんな結果になろうとも、三月一一日の行動を最後に、終止符を打とうと考えていたからだ。しかし、若い山下は静岡支局に放置した爆発物が爆発しなかったことを指摘し、「次の事件を準備したい」と山田に訴えた。山田は「分かった。お前の責任でやってみろ。ただし、朝日新聞の施設は、警戒も厳しくなっているから、ダメだ。朝日新聞以外の施設を狙うなら、協力しよう」と答えた。

この年の五月、名古屋市内のホテルで保守派の学者や右翼活動家らでつくる全国有志大連合(全有連)の大会が開催され、会長の小森義峯・国士舘大元教授が赤報隊の事件に触れる開会挨拶をした。「私は赤報隊の取った行動を決して支持するものではありません。しかし、赤報隊が声明文の中で述べている心情ないし動機は大いに理解できると考える者の一人でございます」と切り出した。さらに、東京本社銃撃の際の犯行声明文にある「およそ人一人殺せば死刑となる。まして日本民族全体を滅亡させようとする者にいかなる大罰を与えるべきか。極刑以外にない」との文言について、中国・春秋時代の思想家・墨子の「一人を殺さばこれを不義と謂う……」との文書から引用しているとして、犯行声明文を書いた者の教養の深さについて指摘した。

山田はこの話を人づてに聞き、我が意を得たりの思いで、小躍りした。自分の思いを込めた犯行声明文を「評価」してくれた人物がいたのだと。

時代の変わり目

ここで改めて、一連の事件が起きた当時の日本社会について振り返ってみる。

朝日新聞社に対する一連の事件が始まった一九八七年は昭和六二年、つまり昭和時代の末期にあたる。ベルリンの壁が崩壊したのは八九年一一月で、米ソが激しく対立した東西冷戦体制の末期でもある。時代の変わり目で、右翼団体の活動が現在よりも、はるかに活発だった。中曽根政権、竹下政権に「圧力」をかけようと、右翼団体が様々なパフォーマンスを実行した。その最たるものが、政権を狙う竹下氏への「ほめ殺し」街宣や、拳銃、拳銃弾、小指などの送りつけ事件だった。経済の面では、バブル経済が始まった頃で、土地の値上がりが激しく、東京や大阪などの都心部では、企業が暴力団や右翼団体の助けを裏で借りる形で「地上げ」が横行していた。右翼や暴力団の助けを借りない「地上げ」、つまりは強引な土地の買い占めも含めて社会問題化しつつあった。

「赤報隊の次のターゲット」を考えていた山下は、当時新宿区などで右翼団体から「地上げ」などを理由に集中攻撃を受けていたリクルートを選んだ。正確に言えば、「地上げをした」と攻撃されていたのは、リクルート社ではなく不動産部門の子会社、リクルートコスモス社だったが、山下にしてみれば、そんなことはどうでもよかった。山下は、バブルに躍る企業を攻撃対象として選び、リクルートをその代表格と考えたのだ。そして、リクルートの江副浩正・元会長の自宅に散弾銃を撃ち込むことにした。

今度は、犯行声明文も若い山下が書いた。山下は右翼活動家として独り立ちするチャンスと考えて、以下の簡潔な文面を書き上げた。

五通目の犯行声明文

告

わが隊は　反日朝日をたすけるものを許さない。
リクルートコスモスは　赤い朝日に何回も広告をだして　金をわたした。
リクルートコスモスは　反日朝日に金をだして　反日活動をした。
今日　都内南麻布でリクルートに警告した。
これからも赤い朝日に金をだすなら　リクルートを処刑する。
ほかの企業も同じである。
一か月たって　反日朝日や毎日に広告をだす企業があれば　反日企業として処罰する。
二六四八年　八月十日
赤報隊　一同

山田がこれまでに書いてきた犯行声明文のように、「日本人」とか「日本の伝統　文化」などの言葉や

東京(リクルート)事件犯人像

理屈は登場しない。ただひたすら、「赤い朝日新聞」に広告を出すな、広告を出すなら攻撃する、と企業などに圧力をかける内容だった。

八月一〇日午後七時二〇分。強い雨が降る中、山下は単独で行動を起こした。標的とした江副邸は東京都港区南麻布の高級住宅街の一角にある。山田が同行しないので、逃走用の車を使えず、公道を歩く距離が長くなる。目出し帽もかぶらなかった。山下は、朝日新聞の施設を襲撃した時のような黒装束はやめ、軽快な服装にした。江副邸に着くと、腰だめの格好で散弾銃の銃身をほぼ水平にし、道路から約三・五メートル入ったところにある玄関に向けて発射した。その後、散弾銃を用意した布袋にしまい、抱え込むようにして住宅街を歩いて逃走した。その姿が道路沿いのマンションの住人に目撃され、後にモンタージュ写真が作成された。野球帽を深くかぶり、ウィンドブレーカーを着て、大きな袋を抱え込んで歩く三〇歳ぐらいの男。間違いなく、山下の姿だった。

江副邸への銃撃が世間に知れたのは、翌一一日の朝になってから。出勤してきた江副邸のお手伝いさんが勝手口から家内に入り、玄関の方へ行ったところ、ガラスの破片が飛び散っているのを見つけた。玄関に回るとドアに大きな穴が空いていた。驚いてリクルート本社に連絡した。同本社から麻布署に届け出た。江副氏は当時、朝日新聞がスクープした「リクルート疑惑」への対応で、心労などから虎の門病院に入院中だった。家族も別の場所に滞在中で留守だった。

江副邸銃撃事件の後、「赤報隊」は一年九か月にわたって動きを止めた。山田も山下も、「赤報隊の役割は終えた」と考えていたからだ。しかし、一九九〇年春、海部俊樹首相の政権下、韓国の盧泰愚大統領の訪日が具体化すると、山下が「もう一度だけ、赤報隊として事件を起こしたい」と言い出した。戦前派の山田は、日本社会が戦前体制に回帰することを夢想しており、占領米軍への敵意の方が強かった。これに対し、若い山下は戦前・戦中の植民地支配への謝罪を求め続ける韓国への反感が強く、他の右翼団体による外国人排斥の運動にも関わっていた。山田は、山下の懇願に根負けする形で、「赤報隊による最後の事件」の実行を認めた。「ただし、絶対に捕まらない安全な攻撃方法を選ぶ」という条件をつけた。山下は、その条件を守ることを約束した。

山下が選んだ標的は、名古屋市中村区のJR名古屋駅に近い、愛知韓国人会館だった。鉄筋コンクリート八階建てのビルで、当時は夜間になるとほとんど無防備の状態だった。「武器」として選んだのは、散弾銃でも時限式爆発物でもなく、合成樹脂の容器に詰め込んだ灯油と発炎筒。山下の仲間の若い右翼が企業攻撃などに使う「武器」で、入手がしやすく、失敗も少なかった。

九〇年五月一七日。新幹線で名古屋駅で降りると、山下はあらかじめ用意しておいたオートバイで愛知韓国人会館に向かった。同会館の正面玄関は鍵がかけられていたが、その玄関に向かって樹脂容器に入った灯油を撒き、発炎筒をマッチのように擦って火をつけて投げ入れた。一メートル近い高さの炎が上がり、黒煙が立ちこめた。玄関のガラスドアが火炎の熱で割れた。植え込みと壁の一部も焦げたが、「バーン」という音で駆けつけた近所の人たちが消火器を持って駆けつけ、消し止めた。けが人などはなかった。後に、現場で聞き込み捜査をした愛知県警の刑事が「オートバイで現場を離れた男こそ、間違いなく犯人だった」と見抜いていた。

二日後の一九日午前、東京の共同・時事通信社宛てに「赤報隊」の犯行声明文が届いた。

六通目の犯行声明文

告

わが隊は　反日韓国を　中京方面で処罰した。

韓国はいままで　日本にいやがらせを続けてきた。

このまえのオリンピックで日本選手にいやがらせをしたが　日本政府は文句をいわなかった。

マスコミも事実をつたえなかった。

政府はもうすぐくるロタイグの無理な要求のいうままになっている。

韓国人は　モンゴルの手先になって　われわれの先祖を殺しまくった。

日本人は　そのうらみをわすれない。

ロタイグはくるな。

きたら安全は保証しない。

くれば反日的な在日韓国人を　さいごの一人まで処刑していく。

反日マスコミと手先になってうごく日本人も処刑する。

わが隊は　日本人の誇りをけがすものをゆるさない。
二千六百五十年　五月十七日
赤報隊　一同

山下が書いた犯行声明文は、韓国と在日韓国人への敵意を剝き出しにしており、「朝日新聞」という文字はない。「反日韓国」「反日的な在日韓国人」「反日マスコミ」とレッテル貼りを連発し、後の「在日特権を許さない市民の会（在特会）」による「ヘイトスピーチ」の原型となったような文面だった。

愛知韓国人会館への放火事件の後、「赤報隊」は完全に動きを止めた。

山田たちは、犯行声明文で「いつか権力とのたたかいで玉砕する」「われわれの最後の一人が死ぬまで活動は続く」と「捕まる覚悟」「死ぬ覚悟」を明らかにしていた。しかし、事件の流れを見ていけば、東京本社銃撃が「無視」されたことへの怒りで、阪神支局事件を起こした後、名古屋本社寮襲撃事件で目撃者に素顔を見せてしまったことで一転、慎重になり、時限爆破装置の放置、玄関への散弾銃の撃ち込み、灯油による放火——と手口を次々に変え、標的も朝日新聞本体→関連施設→朝日新聞以外の施設——と変化させ、常に警察の目が届かないところを選んでいた。つまり、実際の行動では「絶対に捕まらない」「捕まってはならない」という方針が貫かれていたのだ。

旧来の右翼の世界では、事件を起こした後、逃げないで自らを司直の手に委ねるか、その場で自決するのが「美学」とされていた。山田たちが「右翼の美学」に拘らず、「捕まらない方針」を貫いた理由について、筆者の推論をあえて書く。

山田たちは秘密裏に「上部団体」と連絡を取りながら、犯行を続けていたため、事件現場などで捕まる事態になれば、その上部団体の存在が明るみに出てしまう可能性がある。そうした事態を避けなければならなかったのではないか。山田たちがもし、そう考えていたとすれば、一連の事件の背後の「闇」は想像以上に深く、ある種、謀略めいた臭いまで立ち込めてくる。もちろん、山田たちは純粋に捕まりたくなかっただけかもしれない。

（了）

第二部

取材の核心部分 I

第3章　新右翼とその周辺

「取材を続けること」

二〇一二年春、私は朝日新聞社を定年となり、契約社員になった。その際、大阪秘書役という職務を引き受けるにあたり、「朝日新聞襲撃事件の取材を続ける」ことを条件にし、認めてもらった。大阪秘書役の主な任務は朝日新聞社の村山美知子社主(97)のお世話役で、神経を使う仕事だったが、その傍ら、資料整理など準備を整えて、取材を慎重に再開した。

後で詳しく述べるが、朝日新聞襲撃事件の取材班が取材対象とした右翼陣営をあえて分類すれば、新右翼、伝統右翼、任侠右翼(右翼標榜暴力団)、論壇右翼(学者右翼)、さらに草の根右翼(ネット右翼)、宗教右翼などに分かれる。このうち、襲撃事件との関わりを最も疑われているのは、新右翼だった。

新右翼は一九七〇年一一月二五日の三島由紀夫自決事件を機に誕生したとされている。「(三島と一緒に自決した)森田(必勝)の精神を後世に向かって恢弘《かいこう》せよ(広げよ＝筆者注)」とする三島の最後の「命令書」に応え、新たな右翼・民族運動を模索する若者たちの運動として始まった。代表的な団体は東京の一水会で、

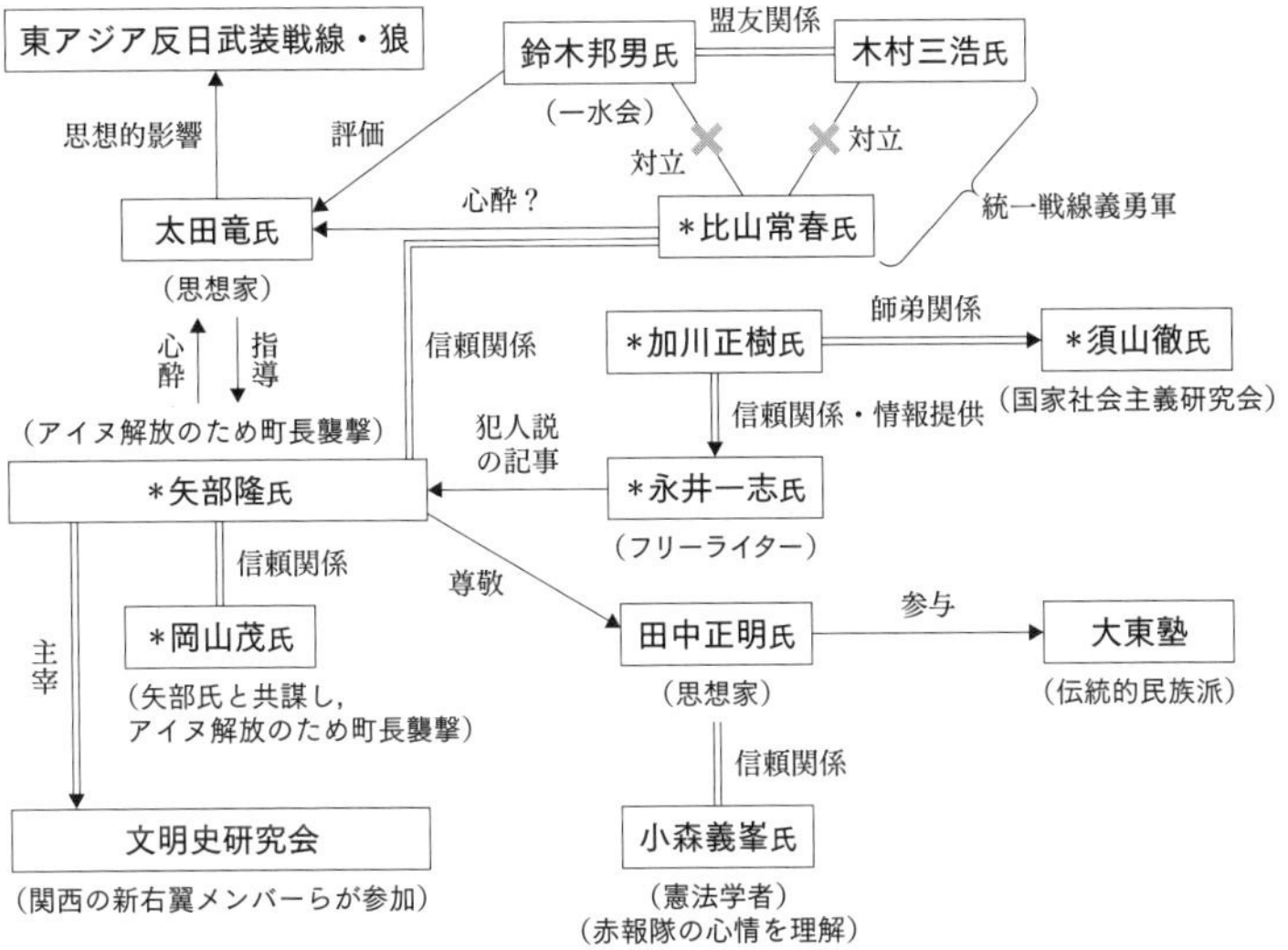

事件当時の人物関係図① ［＊印は仮名］

「反共・親米」だった旧来の右翼と異なり、「反米」を強調。活動スタイルも、七〇年代の全共闘運動の影響を受け、火炎瓶や時限発火装置、時限式爆発物などを使ったゲリラ事件を各地で起こした。戦前派の右翼活動家、右翼思想家の一部も、新右翼の思想、行動に共感を寄せていた。

捜査当局も、赤報隊は新右翼の系譜に連なる人物、グループである可能性が高い、と判断していた。警察庁は一連の事件から一〇年余りを経た一九九八年夏、「赤報隊の可能性のある九人」をリストアップしたが、その全員が新右翼活動家だった。警察庁は、警視庁と関係府県警に対し、本人を事情聴取し、ポリグラフテスト（ウソ発見器）を受けさせるなどして、犯人かどうか最終的に見極めるよう指示を出した。集中捜査の結果、九人のいずれについても「総合的に判断してシロ（事件と無関係）」との結論が出ていた。

私が取材を再開するにあたって、最初に考えたのは、警察庁が「総合的に判断してシロ」と出した結論は、本当に納得がいくものなのか、という疑問だった。捜査当局が「信頼がおける」としているポリグラフについても、受けていなかった者が数人いる。受けた者についても「質問項目が物証をめぐる内容ばかりで、思想性についてはチェックできない」という刑事からの不満の声を、私は直接聞いていた。私が数年前から「どうしてもシロクロをつけたい」と探していた右翼活動家の多くは、「九人のリスト」入りしている人物か、その仲間だったが、警察の「シロ」の判断にはとらわれないで、徹底的に取材しようと考えた。

1　元ネオナチの右翼活動家

三〇年かけて会えなかった右翼活動家

取材を再開した二〇一二年、私はまず、関西在住の紀ノ崎剛氏(56)、東京在住の木村三浩氏(61)ら、旧知の新右翼活動家数人に会った。取材に必要な右翼民族派の人脈の現状について再確認したうえで、四半世紀前の襲撃事件が起きた当時には取材できなかった、あるいは取材を拒否された新右翼活動家たちに会うことにした。中でも一番気になっていて、何としても取材したかったのが、東北地方に拠点を置いて活動する加川正樹氏(仮名。65)だった。

三〇年前の事件当時、なぜ加川氏に取材したかったのか。一言でいえば、新右翼の中でも武闘派で戦略家でもあった加川氏が、事件の真相を知っている可能性があると考えたからである。

加川氏は東北地方の高校を卒業し、地元市役所に就職。同氏によると、最初に地元の自民党青年部に入ったが、右翼で政財界のフィクサーとして知られた児玉誉士夫氏(故人)の講演会に出席した際、会場で大蔵大臣も務めた自民党の大物代議士が「児玉氏に媚びへつらうように挨拶する姿」を見て、「自民党ではダメだ」と思い、右翼活動家になろうと地元の右翼団体「日本憂国会」に加入した。七〇年安保の頃で、彼は鉄製のバールを手に地元にあった新左翼のマルクス主義学生同盟の事務所に乗り込んだ。留守番をしていた学生を追い出して、爆弾作りなどについての秘密書類を持ち出して警察に通報するなど、様々な「武勇伝」をつくったという。

上京後、同郷の右翼活動家の須山徹氏(仮名。故人)を師と仰ぎ、一緒にネオナチズムを標榜する「国家社会主義研究会」を設立した。さらに、新左翼に対抗して「武闘派」を標榜する新右翼系の運動に関わり、一九八一年八月に「反ソ統一戦線義勇軍」という組織の旗揚げに参加した。反ソ統一戦線義勇軍、後の統一戦線義勇軍は、各地で火炎瓶などを使ったゲリラ事件を数多く起こし、『義勇軍報』という機関誌で成果を誇示していた。さらに八一年一二月から八三年八月にかけて、「日本民族独立義勇軍」を名乗った別グループによる計五件のゲリラ事件が起き、犯行声明文が送られてくると、『義勇軍報』や統一戦線義勇軍と盟友関係にあった一水会の機関紙「レコンキスタ」(スペイン語で「失地回復」の意味)に「日本民族独立義勇軍」の犯行声明文を掲載し、「まだ見ぬ同志たちよ」と呼びかけ、「連帯の意思」を表明していた。

一方、私が追い続けている「赤報隊」も一連の事件の皮切りとなった一九八七年一月の朝日新聞東京本社銃撃事件の直後、「日本民族独立義勇軍　別動　赤報隊」と名乗った犯行声明文を通信社に送りつけている。統一戦線義勇軍、日本民族独立義勇軍、別動・赤報隊という三者の関係を解明することが重要な課題になっていた。

「統一戦線義勇軍」が結成された翌年の八二年一〇月、加川氏が義勇軍に送り込んでいた日本憂国会出身の男が仲間の集団リンチにあい、殺される事件が起きた。これに怒った加川氏は「統一戦線義勇軍」を離れた。新たに「世界戦略研究所」という組織を立ち上げ、「世界戦略」という機関紙も定期的に発行していた。そして赤報隊による朝日新聞阪神支局襲撃事件が起きると、「世界戦略」はいち早く赤報隊を支持し、応援する主張を展開していた。

以上の経緯などから、私たちは加川氏を重要な取材対象と考えていた。八七年当時、彼が東京での活動拠点としていた事務所や東北の地方都市にあった実家も何度か訪ねたが、「居留守」を使われるなどして、どうしても会えなかった。このため、私は加川氏が師と認める須山徹氏を訪ね、「加川さんに会わせてほしい」と繰り返し頼んだ。須山氏は「何とかしよう」と請け合い、加川氏に何度も連絡を取ってくれたが、最後に「申し訳ない。加川は新聞記者に会うつもりはないと言っている」との返事が返ってきた。

二〇一四年に加川氏への再取材を試みるにあたって、頼りにしたかった須山氏の消息を調べると、前年の一三年秋に亡くなっていた。どんなルートなら加川氏に会えるのか、思案に暮れていると、前述の木村三浩氏が「私は加川とは疎遠だが、四宮政治文化研究所の四宮正貴氏が一番いいのではないか」と教えてくれた。一四年八月、約一〇年ぶりに東京・本郷の近くのマンションにある四宮氏(70)の自宅兼事務所を訪ねた。事情を話すと、四宮氏は「今から電話してやろう」とすぐに連絡を取ってくれた。四宮氏から加川氏の携帯電話番号を聞き、事務所を出たところで、「すぐに訪ねたい」と伝えたが、加川氏の都合で一週間後に再度上京し、山手線の沿線にある加川氏が指定した喫茶店で待ち合わせることになった。

この年の夏も、加川氏は東北の地方都市の市街地にある自宅周辺でりんご農園を営んでいた。その一方、全国各地を飛び回って政治運動も続け、ブロガーとして自身の政治信条などをインターネット上で発信していた。事前に東京の事務所を下見すると、入り口のドアに「外国人犯罪追放運動事務局」という小さな看板がかかっていた。インターネットで検索すると、加川氏は「在日特権を許さない市民の会(在特会)」の理論的指導者としても紹介されていた。在特会は二〇一四年以降、毎年五月三日の襲撃事件の記念日に朝日新聞阪神支局前で街宣を繰り広げ、「赤報隊の行動は義挙だった」「反日の朝日新聞社は襲われて当然」などと主張していた。

待ち合わせ時刻よりも遅れて喫茶店に現れた加川氏に、「あなたは在特会の理論的指導者なのか?」と尋ねると、「まあ、若い連中に頼まれれば、いろいろ教えてやっている。在特会を応援している」と答えた。「今年五月三日、在特会のメンバーらが阪神支局の前で「赤報隊は正しかった」と街宣したが、あの街宣もあなたが指導していたのか?」と尋ねると、加川氏は「いや、あいつらは私のところへは来ていない。阪神支局の前で街宣するなら、当然、朝日新聞の事件について教えを請いたいと私のところに来るべきだ。最近の若者たちは勉強しないね。だからダメなんだ」と話した。

加川氏には、最初に「阪神支局事件が起きた当時、あなたは私たちから逃げ回って、取材に応じてくれなかった。なぜ、会っていただけなかったのか?」と尋ねた。加川氏は「新聞記者に会えば、つい知っていることをしゃべってしまう。私も右翼の端くれ。仲間を売るようなことはしたくなかったのだ。朝日新聞だけでなく、どのマスコミの人間とも会わなかった」と話した。

「ということは、あなたは赤報隊が誰なのかということを知っているということなのか？」と問うと、
「いや、そこまでは知らない。だが、赤報隊とつながりのある、日本民族独立義勇軍ということであれば、心当たりがあったということだ」と答えた。

加川氏は「心当たり」の具体的内容について、以下のように語った。

「俺たちは一九八一年八月に反ソ統一戦線義勇軍をつくった。反ソ統一戦線義勇軍の名前で「闘いに立ち上がろう」と呼びかけるビラを作り、東京の都心のあちこちに貼った。そのビラには連絡先として、私が使っていた銀座の古いビルの事務所の電話番号を載せていた。ほどなくして、事務所に電話がかかってきた。電話の主は「新橋に貼ってあったビラを見た。我々も関西で旗揚げしたい」と話した。この電話を受けたのは、私ではなく別の人間だが、そのすぐ後、電話の主かその仲間が事務所にやってきた際、私は会った。それが誰かは言えない。関西の男だ。私と同年代の純粋で真面目な考えを持っている人間だった。たしか文明史研究会と名乗っていた。その年の暮れ、大東亜戦争の開戦日の一二月八日に神戸の米国総領事館に火をつけた松明が投げ込まれる事件が起きた。銀座の事務所に電話し、訪ねてきた人物がついに行動を起こしたのだと私は直感した」

この事件では、「日本民族独立義勇軍」の名前で犯行声明文が東京の新右翼団体「一水会」事務所などに届いた。カタカナ混じりの文面。戦時中の大本営発表に似た語調で以下のように綴っていた。

「本八日未明　ワガグンは西南日本において米国外コウ館をコウゲキせり。（中略）低ゾクレッ悪なるオウ米文物にタマシイをウバわれたる日本人達よ、今こそ民族独立のために立て」

「日本民族独立義勇軍」の事件は連続した。神奈川県横浜市の元米海軍住宅放火（八二年五月六日）、大阪

府豊中市のソ連総領事館への火炎瓶投げ込み（八三年五月二七日）、さらに同年八月一三日には朝日新聞の東京本社と名古屋本社に時限発火物を仕掛け、ほぼ同時刻に発火、炎上させる事件を起こし、その都度、犯行声明文を一水会事務所などに送ってきた。

この朝日新聞社に対する事件で、一水会事務所などに送られてきた犯行声明文は以下のようになっていた。

「亜細亜ノ解放イマダ成ラズ。何ヨリモ日本民族ノ独立、ハルカニ遠シ。ユエニ大東亜戦争イマダ終結セズ。連合軍ニ魂マデ占領サレタル日本人ヨ今コソ大東亜聖戦ノ意義ヲ再確認シ、民族ノ裏切者共ヲヨウチョウセヨ。我ガ軍ハ、日本民族ヲ代表シ、日本国内ニオイテ反日・排日・侮日的思想ヲアオル元凶「朝日新聞」ヲ攻撃セリ。コノ行動ハ日本ニオケルスベテノ報道言論機関ヘノ警告ナリ。以後我軍令ニ違反スル者アレバ厳罰ニ処ス。——日本民族独立義勇軍司令部」

加川氏は、この犯行声明文を示しながら「彼らの知識レベルは凄いと思った」と私に語った。「「大東亜戦争イマダ終結セズ」は、ある学者が書いた文章からの引用のはずだ。その本を読んだうえ、名調子に仕上げているからだ」。加川氏はさらに「統一戦線義勇軍は仲間割れでリンチ・殺人・死体遺棄事件が起きて活動が一時休止し、私も統一戦線義勇軍から離れてしまったが、それがなければ、多分、西の方の仲間たち（日本民族独立義勇軍）ともっと親密に連携してやっていたかもしれない」と続けた。

一方、「赤報隊」は、皮切りとなった八七年一月二四日の東京本社銃撃事件の直後、以下の犯行声明文を東京の時事・共同両通信社に送りつけている。

「占領軍政いらい　日本人が日本の文化伝統を破壊するという悪しき風潮が　世の隅隅にまでいきわた

っている。（中略）これまで反日世論を育成してきたマスコミには厳罰を加えなければならない。特に　朝日は悪質である。彼らを助ける者も同罪である」

「日本民族独立義勇軍」と「赤報隊」の犯行声明文は、戦後の米軍などによる占領体制への憎悪、戦前・戦中の時代の美化など共通点が多い。少なくとも「赤報隊」が「日本民族独立義勇軍」に強い親近感を持っていたことは間違いないと思われる。

「文明史研究会」

私は、加川氏の示唆を受け、四半世紀前に関西で活動していたという「文明史研究会」について調べ始めた。旧知の右翼活動家から当たり始め、一九七〇年代から八〇年代にかけて関西で活動した右翼活動家のリストを作り、順番に会っていった。文明史研究会という名前から、京都や大阪の大学に存在していた右派系のサークルだった可能性があると考え、京都産業大学、同志社大学、立命館大学、佛教大学などの様々な右派系サークル、勉強会について調べた。このうち、京都産業大学には神奈備会《かんなびかい》、三島由紀夫研究会、国防研究会などがあり、その元メンバーの一部にも連絡を取った。今は伏見稲荷大社の神職についている人物や、大阪市鶴見区内の神社の宮司らの協力も得たが、文明史研究会にはたどり着けなかった。

しかし、取材が行き詰まった頃、加川氏が四半世紀前に主宰していた世界戦略研究所の機関紙「世界戦略」の「一九八七年五月一五日発行」の紙面の片隅に「読者への返礼」と題して「大阪の矢部隆さん（仮名）から『文明史研究会会報』の第十四号を送付いただきました」という「お知らせ」を見つけた。

この「お知らせ」は、さらに「矢部さんには以前に〝南京虐殺事件〟に関する単行本を寄贈いただいて拝読しております。(中略)今度機会がありましたら、是非お会いして、歴史について語り合いたいと思います」と続いていた。

同じ紙面には五月三日発生の阪神支局襲撃事件を称賛する評論記事が掲載されていた。「情報紙に〝新右翼の動向と日本独立義勇軍の正体〟のタイトルで詳しい記事が掲載されたので、全文紹介する」という説明文に続き、長文の論文が「転載」の形で掲載されていた。改めて加川氏に尋ねると、この論文は加川氏の旧知のフリーライター、永井一志氏(仮名。故人)が執筆し、内容は加川氏が永井氏に話したことをまとめたものだという。阪神支局事件の一二日後の「発行日」であることを考えると、以下のように気になる記述があった。

「反米」という共通・類似性を持つ新右翼名派が今年前半の闘争目標としてとらえていたのが、五月下旬にも判決が出ると言われる「教科書裁判」である。これは田中正明先生などが原告団となって、日本の教科書で反日的な事を教えるのは違法であるとの訴えで、その具体的な問題として「南京大虐殺」はなかったと主張している。この「南京大虐殺」こそ朝日新聞がデッチあげたものであるとの反発が右翼の間には根強くあり、中共のデタラメな主張を朝日が載せていることは許されない、とする考えが一般的である。田中正明先生は米国の極東軍事裁判に強く反発してきた人であり、右翼関係者でこの先生に心酔している人は多い。今回の「事件の日である五月三日」は、マスコミ報道によれば憲法記念日であり「民主主義と報道の自由に対する挑戦だ」とされているが、実は「極東軍事裁判の開廷日」であり、言ってみれば「日本の裁きが始まった日」であり、この日に朝日が狙われたのは、やはり犯人達の「米国」と「戦後社会」に対する反発が感じられる。

怪文書の出所を追う

この記事にある田中正明氏(故人)らは「南京虐殺はなかった」「教科書の誤った記述によって精神的苦痛を受けた」として、文部大臣を相手取り損害賠償を求める民事訴訟を起こしていた。「世界戦略」の評論記事が指摘した通り、この年、つまり一九八七年五月二七日、原告の田中氏らの全面敗訴の判決が言い渡されていた。田中氏らの訴訟は一般にはほとんど知られておらず、判決は新聞各紙が短行で報じた。しかし、それにしても「世界戦略」がなぜ、田中正明氏が起こした教科書訴訟や五月三日が極東軍事裁判の開廷日だったことを、事件との関連で指摘したのか。当の「赤報隊」の犯行声明文には、こうした記述はまったくないのである。湧き上がる疑問の中で、事件の直後に私が入手していた、もう一つの情報誌の記事との関連性について、改めて調べる必要を強く感じた。それは『政治・経済特ダネ情報』というタイトルの「情報誌」で、阪神支局事件のわずか二日後、一九八七年五月五日発行(文面を読むと五月六日に作成＝筆者注)となっており、報道関係者や捜査関係者にファックスで送りつけられていた。少し長くなるが、犯人について仄めかす部分を紹介する。

『統一戦線義勇軍』がその旗色を鮮明にした頃、彼らが当時アジトにしていた東京・中央区銀座の某ビル九階へ関西から、一人の男がたずねてきた。その男は「ぜひ、仲間に加えてくれ。又、それがダメなら『義勇軍』の名を使わせてくれ」と頼んだ。

詳細は省こう。それからしばらくして、(昭和)五八年(一九八三年)八月一三日夜、東京築地の朝日新聞東京本社と、名古屋市中区の朝日新聞名古屋本社に時限式発火装置が仕掛けられ、『日本民族独立義勇軍』を名乗る声明文が報道機関に届いた。曰く。

「日本国内ニオイテ反日排日侮日的思想ヲアオル元凶『朝日新聞社』ヲ攻撃セリ。コノ行動ニオケルスベテノ報道言論機関ヘノ警告ナリ」

これでお気付にならないだろうか。

(中略)『統一戦線義勇軍』側の関係者は、本誌にこう断言する。

「(赤報隊は)銀座のアジトへ訪ねてきた人、その者でなく、その人物と行動を共にしていた人が分派して、直接行動に出たのではないか。志を同じくする、まだ見ぬ同志だが、私らとは一切関係ない」

ここから先は本誌の推測である。数年前「アイヌから搾取するな」として、日本人を刺した男がいた。

彼は、過激派学生たちから爆弾教祖といわれていた人物に傾倒していて、民族派学生運動家というよりは「テロリスト的心情」の持ち主といえよう。

この男が、今回の朝日新聞襲撃の本人か、あるいは思想的背後関係者と見ていい。

新聞報道などでは、いずれの「義勇軍」についてもその実態が解明できない、と報じている。では、この事実を報じる本誌は大特ダネということになろうか。

『政治・経済特ダネ情報』の発行人は「山田安夫」、発行場所は「東京都新宿区百人町」で、番地や部屋番号も書かれていた。現場を訪ねると、ＪＲ山手線の新大久保駅前にある一〇階建てのマンションで、玄関付近には「昭和五七年(一九八二年)竣工」の礎石があった。該当の部屋には外国人の女性が住んでいた。約三〇年前の事件当時、この部屋に『政治・経済特ダネ情報』の事務所があったとみられる。発行人の「山田安夫」氏がこの住所地に実在していたかどうかは、確認できなかった。周辺に住む複数のフリーライターにも取材したが、「山田安夫という人物は知らない。おそらく偽名だろう」との答えが返ってきた。

襲撃事件が起きた直後、私たちは発生現場での聞き込み取材などに追われ、「犯人は彼だ！」というセンセーショナルな見出しがつけられていた、この記事の裏取り取材をしていなかった。あまりに一方的な内容だったので、「怪文書の類」として無視してしまったのだ。そのことを後悔しながらの再取材となった。

2　町長襲撃事件を起こした男

服役中に思想転向

赤報隊事件を起こした犯人、または思想的背後関係者について、「世界戦略」に転載されたコラムは

「（田中正明氏に）心酔する人」を匂わせ、『政治・経済特ダネ情報』は「数年前に「アイヌから搾取するな」として、日本人を刺し、爆弾教祖といわれていた人物に傾倒していて「テロリスト的心情」の持ち主」と推測している。

これら二つのコラムと記事が指し示す人物は、ごく少数に絞られる。私の取材した範囲では、「世界戦略」の「読者への返礼」欄に登場している、当時、「矢部隆（仮名）」という活動家名だった人物と、彼の仲間たちである。

矢部隆氏は間違いなく、約三〇年前の阪神支局事件の当時、関西で文明史研究会を主宰していた。会員は一〇人前後。定期的に勉強会を重ね、その内容を「会報」の形にまとめて、会員宛てなどに郵送していた。南京大虐殺はなかったと主張する田中正明氏を尊敬し、自らも一九八四年に『南京大虐殺の研究』と題した本を著している。その一〇年前。一九七四年三月に、矢部氏は仲間の岡山茂氏（仮名）と二人で北海道の白老町の町長襲撃を計画。岡山氏は町長の首を用意のナイフで刺し、傷を負わせている。北海道新聞の記事によると、犯行時、「町長はアイヌを観光の道具に使っているので、死刑を執行する」という内容の封書を持っていた。矢部氏は現場付近で警察官に不審尋問され、実行に至らなかったが、二人は殺人未遂、殺人予備容疑で逮捕され、懲役刑に服した。二人は当時、アイヌ革命を唱えていた太田竜（故人）という新左翼系の思想家に共鳴し、その指導のもとで事件は起こされた。矢部氏らは服役中に思想転向し、出所後、新右翼の運動に共感を持つようになり、特に南京虐殺事件の真相解明に取り組んでいた。

だからといって、矢部氏が阪神支局事件を起こした赤報隊メンバーだと決めつけることはできない。しかし、『政治・経済特ダネ情報』は阪神支局事件の一日後、評論記事が掲載された「世界戦略」は事件の一二日後の日付で発行されており、どんな背景のもとに書かれたのかを調べる必要があると感じた。根拠のない「憶測記事」である可能性も十分にあったからだ。「世界戦略」に転載された評論記事にも、『政治・経済特ダネ情報』にも、加川正樹氏の「政治経歴」が紹介されている点が気になった。「世界戦略」の評論記事では「統一戦線義勇軍を離れた加川正樹は現在、世界戦略研究所を創立。民族派のシンクタンクを目指して若手活動家に働きかけている……」。『特ダネ情報』も「加川正樹が現在まで福島交通株式会社の巨額な不正融資をヤリ玉に上げ、ついに小針暦二「福島交通」社長を追い詰め、(中略)昭和前期の右翼と、反体制の考えでは共通していると言えよう」と記述している。

加川氏が主宰する「世界戦略」の評論記事はともかく、『政治・経済特ダネ情報』までがなぜ、加川氏を称賛する記事を書いたのか。この疑問への答えも、見つけなければならなかった。

消息不明の男

こうした取材と並行し、とにかく矢部氏に会おうと私は考えた。実は約三〇年前の襲撃事件当時、私は矢部氏に何度も取材していた。関西で活動する新右翼で、兵庫県警も矢部氏の動向に関心を示していたこともあって、矢部氏に関する取材の蓄積はあった。

ところが、いざ取材を始めると、矢部氏の行方が杳としてつかめない。知り合いの右翼活動家ら何人かに聞いても、「全く連絡が取れない」「生きているか死んでいるかも分からない」との答えが返ってきた。私は、矢部氏への取材を重ねていた四半世紀前、彼がうどん店の経営に携わっていたことを思い出し、大阪市内の二つの店を訪ねたが、いずれも店は閉じられていた。このため、法務局で店の閉鎖謄本を取り、その役員欄にあった矢部氏の家族や親族らしき何人かに会った。しかし、親族の一人は「あいつとは縁を切った。話すことは何もない」。家族の一人も「実は連絡が取れない。数年前、もう私を探さないでくれとの連絡が裁判所を通じてあっただけだ」と打ち明けた。その後、様々なツテをたどって、矢部氏の住所地を突き止めた。関西の郊外都市で、戸籍上の名前も変え、一人でひっそりと暮らしていた。

二〇一五年一二月一日の夕刻、私は社会部の取材班時代の後輩のA記者を伴って、矢部氏の自宅を訪ねた。ＪＲの最寄駅から歩いて数分。狭い路地の両側に平屋建ての住宅が密集する地区を探すと、「矢部」の表札が掛かった家があった。部屋の灯りは点いていなかった。不在かと思ったら、中から男性が出てきて、郵便受けから郵便物を取り出そうとしていた。私は「矢部さんですね」と声をかけた。彼は私の顔をしばらく見て、「どこかで会っているね。朝日新聞の人だね」と逆に聞いてきた。私は「そうです。二五年以上前にお会いしています。よく覚えておられましたね」と答えた。矢部氏は「なぜ、この場所が分かったのか？」「なぜここへ来たのか？」と尋ねる。私は「二五年前と同じように朝日新聞記者が殺された事件を取材しています。六〇歳で定年となった後、再び取材を始め、以前に会った人たちを順に訪ね歩いています。矢部さんもその一人です」と話し、「お時間をいただき、話を伺いたい」と切り出した。矢部氏は「話すことなどない。話したくもない」と言い、家の中へ入ろうとするが、「こちらはお聞きしたいことがいくつもあります。ご自宅でお話を伺ってもいいし、ご都合が悪ければ近くの喫茶店で……」と必死に説得した。矢部氏は最後に「しょうがないな。明日なら……」と折れ、翌二日、近くのレストランで会う約束を取り付けた。

二日午後、私とA記者が待ち受けるレストランに矢部氏は現れた。私は加川正樹氏への取材で文明史研究会や矢部氏の名前が浮かんでいることを伝えたうえで、「四半世紀前の事件の真相を知りたい。これは思想事件なのだから、犯人にとっても、なぜ事件を起こしたのか、世間に知らせたいのではないか。私たちは、その人物に発言の場、紙面を提供する用意がある」「実行犯は恐らく、私たちと同世代で、老境に向かいつつある。私たちが取材できる時間は限られている。実行犯にとっては真相を語る最後の機会になると思う」「私たちは誰に会う時でも、最初にこう話して協力を求めることにしている」と訴えた。

これに対し、矢部氏は私の話を遮るように、阪神支局事件当日、つまり一九八七年五月三日夜のアリバイについて語り始めた。「あの日、赤報隊事件の発生を知り、自分のところに容疑がかかっては困ると思い、自ら警察に連絡し、公安の担当者にアリバイを伝えた。五月三日午後八時ごろ、私は仲間たちと四人で京都であった民族派の集会に出た後、喫茶店に入った。四人でお茶を飲み、私が金を払った。だから、店の請求書に残る指紋を調べれば、私の指紋が出てアリバイは証明できるはずだ。警察にそう伝えた。ところが、連中はその請求書を回収していないし、指紋も採取していないという。これは警察の怠慢だ。これでは事件は解決しない」

私は再取材によって、矢部氏が事件当時、赤報隊が犯行声明文の作成に使ったものと同機種のワープロを所有していたことを突き止めていた。このことを尋ねると、矢部氏は「うどん店の経営管理や原稿書きのため種々のワープロを買って試していた。その中の一つがたまたま同機種だった。それだけのことだ」と答えた。私は、取材班が最初に矢部氏に会った時の取材ノートのコピーを見せながら、こう尋ねた。「赤報隊事件の直後、矢部さんは私たちに「非常によく考えられた犯行声明文だ。内容も言葉も、犯人に行き着かないように大事な部分、つまりキーワードを隠している」「東アジア反日武装戦線・狼が(東京・丸の内のビル爆破事件などを起こした際の)犯行声明文で《アイヌ同族》という言葉を使ってしまったため、リーダーの大道寺将司の逮捕につながってしまった。赤報隊はその教訓を学んで、キーワードを避けている」と話していましたね」。矢部氏は「確かに、これ(取材メモ)は私が喋ったことだ。この考えは今も変わらない」と答えた。私はさらに、「赤報隊にとって隠されたキーワードとは何かを考えてきた。加川正樹氏の「世界戦略」のコラムを読んで、隠されたキーワードとは南京虐殺をめぐる朝日新聞の報道(後述)であり、これが犯行動機だった可能性があるのではないか」と水を向けた。矢部氏は「それは、とんでもない見当はずれの見方だ。とってつけたような、こじつけの解釈だ」と否定し、加川氏について「言われてみて、かすかに名前が浮かぶ程度の男だ。顔も覚えていない。そう言えば、当時、警察から『政治・経済特ダネ……』とか書かれた情報誌を見せられ、私を犯人視する内容だった。ひょっとして、あの文章の筆者は加川ではないのか」と怒りに満ちた表情で話した。

矢部氏が「東アジア反日武装戦線・狼」を引き合いに出したのは、決して偶然ではない。矢部氏が過去に心酔していた新左翼系の思想家・太田竜氏(故人)は、「東アジア反日武装戦線・狼」にも思想的な影響を与え、人的なつながりもあった。矢部氏が白老町長襲撃事件で服役中、太田竜氏宛てに出した手紙で「東アジア反日武装戦線」に触れたため、捜査当局が矢部氏の手紙を検閲して、狼グループ逮捕のきっかけの一つになった可能性があった、と矢部氏自身が私に話していた。また、「東アジア反日武装戦線・狼」の犯行声明文で使われた「アイヌ同族」という言葉は、一緒に逮捕された佐々木規夫容疑者(クアラルンプール事件で釈放。国際手配中)の兄が同グループで発行していた『腹腹時計』という出版物の中で使った言葉だったのだ。

私は、矢部氏が著した『南京大虐殺の研究』を話題にした。「共感できるところも多かった。伝聞情報を排し、原資料、一次情報を選んで冷静に論じているので、驚いた。ただし、第三章の「東京裁判史観を解体せよ」についてはは共感できない。「アメリカの占領軍が日本の文化を根底から破壊した。日本人がアメリカの圧力に立ち向かおうとしても、南京虐殺のことを突きつけられると反論できなくなる。南京虐殺はそうした象徴的な役割を担わされてきた」と書かれているが、赤報隊の犯行声明文の趣旨につながっているようにも思える」と尋ねた。矢部氏は「私が書いたのは、あくまで文化の問題だ。反米のために暴力を行使することは認めていない。私は反米思想を持っていないし、暴力も否定している。そこが赤報隊とは明らかに異なる」と反論した。

矢部氏の主張の他にも、『南京大虐殺の研究』を読むと、赤報隊の思想と明らかに異なる部分があった。この本は、日本の戦前の体制について「軍部が暴走して日本をしなくてもいい戦争に引きずり込んだ」と厳しく批判しているが、赤報隊は「反日朝日は　五十年前にかえれ」として、戦前体制を積極的に肯定している。とはいえ、赤報隊の犯行声明文が、矢部氏の言うように「キーワードを隠した、世間向けのもの」だと仮定すれば、犯行声明文に盛り込まれた思想を論じること自体が意味をなさなくなる。

矢部氏はこうも言った。「私がもし誰かを殺すとすれば、その相手はかつて心酔していた太田竜だ。太田竜はどこかの雑誌で、「私は一貫して平和主義者だった」と書いているのを見てショックを受けた。私は太田竜の指示を受けて、北海道の白老町長を殺そうとしたのだ。太田はもう亡くなっているが、思想家として無責任だった」。赤報隊の事件についてはは「何年にもわたって犯行を続け、捜査も完全に行き詰まっている。こうした事件は、やわな右翼では起こせない。α教会ではないのか。当時、朝日新聞と『朝日ジャーナル』がα教会の霊感商法を厳しく追及していて、犯行動機は十分にある。朝日新聞は事件の関連で右翼のことは取り上げるのに、α教会のことはほとんど書かない。書いても慎重な内容で全然踏み込んでいない」と不満をぶつけるように話した。

私が「α教会が取材対象だったのは事実だ。ただし、α教会だとしたら、韓国系の宗教団体であり、中曽根、竹下両首相に靖国神社参拝を求める脅迫状を出すだろうか」と逆に質問すると、矢部氏は「本心のキーワードを隠し、右翼を装っているのだ。テロ事件を繰り返すには強固な秘密組織が必要だ。右翼には秘密組織など作れない。それが可能なのは、左翼を除けば、α教会しか考えられない。君たち朝日新聞はα教会の秘密組織について取材してきたのか？」と私を挑発するように話した。

矢部氏は、新左翼の非公然活動が成り立つための「チャート図」を用意してきていた。非公然活動には、「動機」「決断」「実行力」「情報力」「組織力」が必要で、当局(警察)に存在を知られている公然部隊の人間は非公然部隊には移らない。移る場合には完全に行方不明になる。この鉄則を守らないと、簡単にガサ入れ(家宅捜索)、逮捕され、組織が崩壊する――などと説明した。「私は白老町長襲撃事件以来、出所後もずっと捜査当局の監視下にあり、赤報隊のような事件を起こすことはそもそも不可能だ」と矢部氏は話した。

「南京虐殺はなかった」と主張する思想家・田中正明氏について、矢部氏は「何度か会った。青年のような情熱を持った人だった」と懐かしむように話した。

ここで朝日新聞が書いた田中正明氏批判の記事に触れておく。田中氏は戦時中、南京進駐の司令官だった松井石根大将の私設秘書をしていたといい、一九八五年春に『松井石根大将の陣中日誌』を監修・出版し、南京進駐軍の軍規は厳正だったと主張した。これに対し、朝日新聞の本多勝一記者（当時は編集委員）が八五年一一月二四日付の紙面で「松井陣中日誌に九〇〇カ所の改竄　南京虐殺隠す意図で」、翌二五日付の紙面でも「「南京虐殺」ひたすら隠す　戦後の資料にも〝創作〟　上海と南京をすりかえ」と手厳しい表現の署名記事を書いた。矢部氏は襲撃事件当時の私たちの取材に対し、「改竄と受け取られてもやむを得ない箇所は四〜五か所にすぎない。残りは旧仮名遣いの書き換えなどで問題はなかった。それなのに、朝日新聞社に抗議しても受け入れられず、以後、田中先生は「改竄の田中」とレッテルを貼られ、誰からも相手にされなくなった。酷い話だ」と憤慨して述べていた。田中氏が参与を務めていた「大東塾」という戦前からの伝統的右翼団体は、この本多記者の田中氏批判記事をきっかけに、「朝日新聞の取材には一切応じない」ことを組織決定していたという。

私は一九九〇年二月、連載企画「右翼　現場からの報告」の取材のため、戦前からの大物右翼・中村武彦氏（故人）の仲介で大東塾幹部の一人に会う約束を取り付けていたが、当日朝になってキャンセルを告げられた。「中村先生のご紹介とはいえ、朝日新聞記者の取材は拒否するという組織決定を破る訳にはいかない」というのがキャンセルの理由だと知らされた。その数日後、私は同僚記者と二人で東京・青山の大東塾の事務所を訪ねたが、受付で「朝日新聞の記者です」と名乗った途端、事務所の奥から出てきた男性にいきなり胸ぐらをつかまれ、「朝日新聞に用はない。出て行け」と外に押し出された。

事件の影響は十分にあった

生前の田中正明氏に対しては、大阪社会部の同僚だったB記者が取材している。一九八八年一一月七日、東京・武蔵野市の田中氏の自宅をB記者が訪ねた。B記者から、当時のやり取りのメモを入手した。
「教科書裁判は諸刃の剣ではないか？　家永裁判は左の立場から検定を批判しているが、あなたの裁判もいわば文部省の検定を批判している」（B記者）
「愚策は分かっている。しかし、それしか手がなかった。あんたを前にして悪いが、朝日新聞が変わらない限り、日本は駄目になる。南京虐殺なんかなかったんだ。あれは全部朝日新聞のでっち上げだ。松井大将の日記を見れば、南京虐殺なんて真っ赤な嘘と分かるから出版した。旧仮名遣いを読みやすく直しただけなのに改竄したと騒ぎ立てた」（田中氏）
B記者は約二週間後の一一月二二日にも田中氏に取材している。
「先日、あなたは「朝日が変わらなければ、日本は駄目になる」と言っていたが、阪神支局事件が起きても朝日は変わっていないのではないか？」（B記者）
「いや、大きく変わった。本多勝一が筆を折らされた。筑紫哲也も日本から追い出された。事件の影響は十分にあった」（田中氏）
「一一六号事件（朝日新聞襲撃事件）をどう思うか？」（B記者）
「あれはテロだけど……。朝日があのようだから起きるんだ」（田中氏）
「犯人はどのあたりにいると思うか？　田中さんなら分かるでしょう」（B記者）

「そんなの、分からないよ」(田中氏)

B記者は最後の質問に対し、「(田中氏が)初めて警戒するような緊張感を見せた」と取材メモに記している。

警察も田中氏から事情聴取したが、「事件とは無関係」との結論を出している。

墨子から引用

田中正明氏と親しかった憲法学者の小森義峯氏(元国士舘大学教授)は阪神支局事件の翌年の一九八八年五月、自身が会長を務めていた「全国有志大連合(全有連)」の第七回大会が名古屋で開催された際、「私は、決して赤報隊の行動を支持する者ではありませんが、その動機ないし心情には大いに共鳴する者であります」と挨拶している。

この挨拶では、赤報隊からの最初の犯行声明文(一九八七年一月二四日)の文面について取り上げ、「およそ人一人殺せば死刑となる。まして日本民族全体を滅亡させようとする者に　いかなる大罰を与えるべきか。極刑以外にない」のくだりについて、中国の春秋時代の思想家墨子から引用していると指摘した上で、「赤報隊員は朝日新聞の記者を射殺した。従って一の死罪は免れない。しかし、他方、戦後の朝日新聞のあり方はどうか。結論を先に言えば、マルクス・レーニン主義的編集方針の上に立ち、神州日本そのものを滅ぼそうとしているではないか。従来の報道姿勢が改められない限り、日本の国体の破壊につながるのではないか。これ以上の暴力があるか」と述べていた。

全国有志大連合は一九八一年に結成された政治団体兼勉強会で、全国の有力な右翼民族派の活動家や右派の学者、文化人らが個人の資格で参加。右翼民族派の間で大きな影響力を持っていた。初代の会長は、戦前に「神兵隊事件」(右翼によるクーデター未遂事件)を主導したことで知られる片岡駿氏(故人)で、正統憲法の復元改正、自主国防体制確立と領土問題早期解決、地方復権から中央撃破へ、荒廃せる国民教育の刷新――を運動のスローガンに掲げている。

一九九八年八月一日、二日の両日、矢部氏は兵庫県警捜査一課による事情聴取を受けている。当時、警察庁は、退任を前にした國松孝次長官の指示で、全国で九人の右翼関係者をリストアップし、集中捜査する方針を決めたが、矢部氏も九人のリストに入っていた。矢部氏への再取材の前に、担当した刑事に改めて電話した。すでに定年退職していたが、矢部氏を事情聴取したことは鮮明に覚えていた。「警察庁の幹部から、それぞれ自分の担当する人物が犯人に間違いないと確信して取り組むように、との指示があった。矢部に対しても、もちろんその決意で調べた。結論はポリグラフ(ウソ発見器)の結果などからシロ(容疑なし)ということになった。しかし、樋田さんたちはそうした情報や先入観なしで、矢部に率直に話を聞いたらどうか。その方がいい結果を得られるのではないか」と話した。

取材ノートを読み返すと、矢部氏は事情聴取を受けた一週間後の九八年八月七日、地域報道部・社会部のデスクとして勤務中の私に電話してきて、「兵庫県警に呼び出され、事情聴取に応じた。ポリグラフにも協力を求められ、応じた。結論はシロ。当然の結果だ」と伝えてきた。

この電話内容についての取材メモが私の手元に残っている。それによると、矢部氏が兵庫県警本部の取調室に入ると、刑事に「お前は引越しをしているのに、免許証は以前のままになっている。免許証不実記載の容疑で逮捕できるが、手荒なことはしたくない。だからポリグラフに協力してほしい」と言われた。ポリグラフは体に微電流や心拍数に反応する装置をつけ、質問に対する心身の動揺の有無を見る。矢部氏に対しては、阪神支局を含めた数種類の建物の写真、様々な機種のワープロの写真、レミントン社など数メーカーの散弾の写真、散弾の部品のカップワッズの色などについての質問があった。科学捜査研究所の担当官は最初に「質問には自由に答えていい」と説明したが、たとえばワープロの写真では「これらの機種のうち、どれで打ちましたか？」と尋ねたという。矢部氏は「まるで私を犯人と決めつけた上での質問だった」という。そして、犯行に使われたのと同じシャープ製ワープロの写真に対して、わずかだが反応があったことも打ち明けた。「私の身内があのワープロと同型機種を持っていた。それで反応したようだ」と当時、本人は説明した。事実は、矢部氏自身が同型のワープロを購入し、仕事に使っていたためだったとみられる。

担当の刑事は「警察の世界で、ポリグラフによる鑑定結果は相当な信頼性があると見なされている。しかし、私見を言えば、ポリグラフの質問項目は、各事件の現場やワープロなど写真についてのものばかりで、犯行声明文の内容など思想の問題に立ち入った質問項目がなかった。思想犯を調べるものとしては不十分だったと思う」と悔しそうに振り返った。

二〇一四～一五年の取材の後、矢部氏からは私の取材姿勢を批判し、「勉強不足」と論難する手紙が数通届いた。その一部に対しては反論し、「あなたを犯人と決めつけて取材したのではないことを理解していただきたい」と丁寧に説明する返事を書いた。

矢部氏とともに白老町長を襲撃した岡山氏、さらに矢部氏が主宰した文明史研究会のメンバーの一人も、警察庁作成の「九人のリスト」に入っており、兵庫県警などの事情聴取を受けた。このメンバーは『腹腹時計』の「爆弾教本」などを書き写した資料集を仲間たちに配布したためとみられる。しかし、いずれも「総合的に判断してシロ（事件とは無関係）」との結論が出されている。

加川氏も「九人のリスト」に入っており、一連の事件の公訴時効成立を前に、兵庫県警の事情聴取を受けている。加川氏は「俺は警察からの出頭要請をずっと拒否していたが、兵庫県警の公安課の刑事らが私のりんご農園までやって来て、『話を聴きたい』という。それで、近くのホテルに用意されていた部屋へ行き、事情聴取に応じた」と話した。その際の供述の詳細について、私は把握していないが、捜査当局の判断は「シロ」だった。

矢部氏からの最後の手紙では、加川氏がブロガーとして二〇〇九年一月に発信した文面に、以下のくだりがあることも知らせてきた。

　太田竜　過去はどうあれ、わが国では反ユダヤ主義の思想家としては最高峰に位置づけられる人です。（中略）私は太田竜先生を高く評価しています。その理由は太田先生の反ユダヤ思想は西欧社会の反ユダヤ思想の安請け合いではありません。（中略）（私は）行動右翼―新右翼―極右という運動の変遷の中で、いろんなことを学ばせて頂いたが……

加川氏は、その出発点で国家社会主義研究会（ネオナチズム）の政治運動の経験もあって、太田竜氏の反ユダヤ思想と出会ったとみられる。加川氏が評価する「太田竜氏の思想」と、矢部氏がかつて心酔していた「太田竜氏の思想」は、いわば真反対の内容だった。

また当時、太田竜氏の思想が新左翼だけでなく新右翼の活動家らに影響を与えていたことについても触れておきたい。新右翼の代表的な活動家、鈴木邦男氏(74)が一九七五年に著した『腹腹時計と〈狼〉』は、太田竜氏の影響を受けた「東アジア反日武装戦線・狼」の「命をかけた行動」を高く評価する内容だった。鈴木氏は著書『新右翼　最終章』でも「(東アジア反日武装戦線が起こした三菱重工爆破事件で)斎藤和は逮捕された後、自殺している。他のメンバーも全員青酸カリ入りのペンダントを持っていたという。イザという時は自殺する覚悟でやっていたわけだ。評論家の猪野健治氏は彼らのことを「左翼血盟団」と呼んでいたが、まさにそんな感じだった。(中略)これは今までのような、大衆を犠牲にしても生き延びる革命家群像とは全く違うのではないか。そんな思いから『腹腹時計と〈狼〉』を書いた」と記している。

太田竜氏は生前、鈴木氏に請われて、鈴木氏が主宰していた新右翼団体「一水会」の機関紙「レコンキスタ」にも度々寄稿していた。矢部隆氏は鈴木氏に誘われて一水会と交流していた当時を振り返る中で、「実は鈴木邦男さんとは仲が悪かった。一水会の中で反主流派のリーダーだった比山常春さん(仮名)とは仲が良かったし、一番信頼できた。比山さんは太田竜の信奉者だったと思う」と話している。比山氏は、一九九八年夏に警察庁が作成した「九人のリスト」には入っていなかったが、八九年夏に警視庁によって微罪事件の「職安法違反」で逮捕され、朝日新聞襲撃事件への関わりについて事情聴取を受けていた。当時、私も同僚記者と二人で比山氏に会い、一水会の内部対立などについて取材している。

太田竜氏は日本共産党から出発し、新左翼の革命的共産主義者同盟→社会的弱者を革命の起爆剤とするアイヌ革命論→アジア革命論→自然保護運動→反ユダヤ主義と思想変遷していき、特にアイヌ革命論とアジア革命論では多くの信奉者を生み、彼らの人生を変えた。矢部氏の思いは極端だとしても、太田竜氏には思想家としての責任があると私は思う。

二〇一六年一二月一五日、私は再び加川正樹氏に会い、「山田安夫」が発行人となっている情報誌のコピーを見せた。「私は全く覚えていない」としつつ、「内容は、多分やっぱり私が喋ったことだね。この記事の情報源は私としか考えられないね」と認めた。加川氏の釈明は以下のように続いた。

「この間も話したように、矢部氏が東京の私のところにやってきて民族独立義勇軍の話をしたと思う。とにかく東京で会っている。その時は、もちろんこちらの仲間だという認識だった。その後、彼が北海道で町長襲撃に関わっていたことを知ったわけだね。それで、朝日新聞の事件が起きた時、右翼民族派の私の周辺で事件を起こせる奴はいない。それで、新左翼からの転向組かと思案を巡らせると、彼(矢部氏)のことがやっぱり思い浮かびますわね。で、そのことを信頼の置ける先輩のフリーライターに話した。そう、もう亡くなっているけど、永井一志さん(仮名)だね。で、彼は私から聞いたことなどを文章にして、あちこちに売って、なりわいにしていた人だからね。彼があちこちにそのことを書いた。『政治・経済特ダネ情報』も、その一つじゃないだろうか。ただし、文体は永井さんのと少し違うような気もする。まあ、わざと変えていたかもしれないから、なんとも言えませんね」

加川氏は、赤報隊の事件に矢部氏が関わっていたことを仄めかす内容の話を友人のフリーライターにしたことを認めた。しかし、そう話した根拠については「周囲の右翼にあの事件を起こせそうな奴はいなかったので、矢部氏のことを思い浮かべた」と言うのみだった。もし、そうなら、加川氏はほとんど根拠らしい根拠もなく、矢部氏を犯人と「名指し」する話を永井氏に伝え、永井氏が件の記事を書いたということとになる。警視庁が作成した複数の捜査報告書の中の一つには、『政治・経済特ダネ情報』の記事の執筆者について「永井氏」と断定したものもあることが、最近になって分かった。しかし、私は「『政治・経済特ダネ情報』の発行人・山田安夫」の正体を、自分の取材で確かめなければならないと思っている。

赤報隊がリクルート社に対して事件を起こした当時、リクルート社の不動産部門を受け持つリクルートコスモス社が様々な右翼団体から集中攻撃を受けていた。その皮切りとなったのは、一九八三年に始まった日本憂国青年同盟による「攻撃」だった。リクルートコスモス社がマンション建設などのために東京の都心部で進めていた用地買収を「地上げ」と糾弾する内容で、その機関紙「自治新聞」は「リクルートコスモス社の強引な地上げには近く司法当局のメスが入る」とまで書いていた。当時、日本憂国青年同盟の代表者は加川正樹氏だった。赤報隊が朝日新聞社や政治家に続く標的として、なぜリクルート社の会長宅を選んだのか。当時の新聞が報じていなかった「リクルートへの右翼団体の集中攻撃」の動きを知っていた人物やグループの可能性が高い、と私は思う。

その後、加川氏からの連絡は途絶えた。加川氏は二〇一六年、「在日特権を許さない市民の会（在特会）」などのヘイトスピーチを規制する法の制定に取り組んだ有田芳生・参議院議員を揶揄し、激しく批判する単行本を出版した。『日本よ何処へ』と題した自身のブログでは、韓国批判、在日韓国朝鮮人批判などの主張を精力的に続けている。

3　新聞社に「死に場所」を求めた男

獄中一八年

阪神支局事件が起きた一九八七年の一一月二〇日夕、笠原正敏氏(65)が率いる新右翼団体、大日本赤誠会の「創立一〇周年の集い」が東京の都心の私学会館で催された。当時は一水会会長だった鈴木邦男氏、統一戦線義勇軍議長だった木村三浩氏をはじめとする新右翼の活動家のほか、大東塾などの伝統右翼の幹部、右派の学者、さらに任侠系(暴力団とつながりのある)右翼団体幹部ら合わせて約四〇〇人が出席する盛大な会だった。直会《なおらい》(酒宴)に入って、宴もたけなわの頃、会場が突然暗くなり、舞台の前にスクリーンが降りてきた。戦時中の白黒のニュース映画が映し出される。南太平洋の島。椰子の木陰も見える飛行場の片隅で、特攻機の搭乗員らが最後の盃を交わし、一機ずつ大空へ飛び立つ――。その直後、会場の正面に作られた舞台にスポットライトがあてられ、中折れ帽にスーツ姿の野村秋介氏(故人)が現れた。静まり返った会場で、野村氏は「日本の心、悠久の歴史」と題したスピーチを始めた。「特攻隊の崇高な犠牲に支えられて今の日本がある。そのことが忘れ去られて繁栄に浮かれている場合ではない」と振り絞るような声で訴えた。私は、この時初めて、野村氏の姿を間近で見て、自己演出の凄まじさに圧倒されたことをはっきり覚えている。

野村氏は河野一郎建設相(当時)宅焼き打ち事件を起こして一二年間服役し、出所後、経団連会館襲撃事

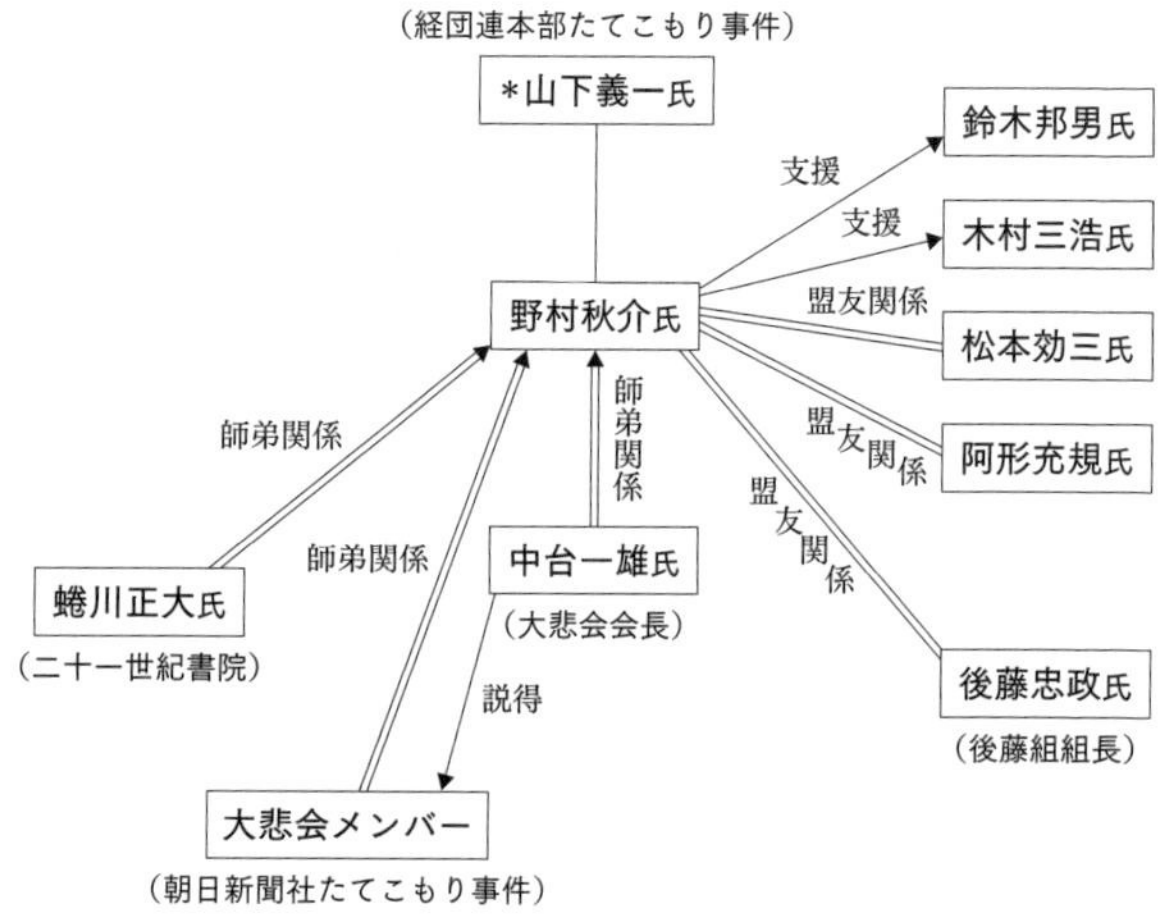

事件当時の人物関係図②［＊印は仮名］

件を再び起こして六年間服役していた。『獄中十八年　右翼武闘派の回想』『獄中句集　銀河蒼茫』など著書も多く、「言論の場を奪われた民族派にとって、暴力は肉体言語。暴力は社会に我々の主張を伝える手段だ」というのが持論だった。経団連会館襲撃事件は、財界批判、自然環境破壊を告発する「檄」の内容などから、従来の右翼運動とは一線を画すもので、新右翼の「生みの親」の一人ともいわれる。一水会、統一戦線義勇軍などの新右翼団体の有力な支援者であり、新右翼、旧来からの既成右翼、任侠系右翼などへの影響力も強いことから、阪神支局襲撃事件の後、私たち取材班にとって、極めて重要な取材対象となっていた。

阪神支局事件から約一か月後、東京社会部のC記者が野村氏に会い、事件について尋ねた。野村氏は「従来の民族派が起こしたものとは異なり、乾いた匂いのする事件だ」と答えている。阪神支局事件の翌年の一九八八年二月二八日、社会部のD記者が岡山市で開催された民族派の集会で野村氏を取材し、その後、大阪へ向かう新幹線の隣席に同乗して、質問した。私は当時、特命取材班として、彼から以下の取材報告を受けている。

「事件についての見方は？」（Ｄ記者）
「朝日新聞襲撃事件は、歴史に残る重大事件だ。今でも話題になる。議論は続くだろう。私は彼らの行動を評価している。重要な行動だった。ただ、人殺しをしてあれだけ世論の批判を浴びているのに、そんなこと言えないだろう。心には思っていても……」（野村氏）
「野村さんは行動を起こした時、必ず逮捕されたが、赤報隊は徹底的に影をひそめている。どう思われますか？」（Ｄ記者）
「出てこなくていい。潜伏して活動を続けるべきだ。なぜなら、私がやっていた頃と今では、警察の考え方がまったく変わってしまったからだ。昔の警察には情があった。権力の横暴をほしいままにしている今の警察に、自ら届する必要はない」（野村氏）
「第四の犯行はあると思うか？」（Ｄ記者）
「必ずある。信念を持った人間が検挙されないまま社会に残っている以上、いつかは活動が繰り返されると見るのが自然だ。ただ、犯行の形は変わるだろう。いきなり入っていって散弾銃で撃つというようなまねはしないと思う。捕まらずにやるというのが連中の大原則のようだから」（野村氏）
このインタビューの一〇日後の三月一一日、赤報隊は朝日新聞静岡支局に時限式爆発物を仕掛けると同時に、中曽根康弘、竹下登という新旧の首相に脅迫状を送りつける事件を起こしている。もちろん、赤報隊の事件はそれまでも続いており、「さらに続く」という予想は誰にもできたことだとも言える。
同年五月、今度はＣ記者が野村氏に会い、その少し前に起きた「ＹＰ（ヤルタ協定、ポツダム宣言）体制打倒青年同盟」の名前で朝日新聞社に送りつけられた脅迫状について尋ねている。野村氏は「我々の仲間は朝日攻撃をしていない。ＹＰ体制打倒青年同盟のコアは俺だ。ただ俺の組織は細胞の独立組織なので、後で、こんなことをやりましたと言ってくるかもしれない。しかし、今のところ、そんな情報はない」と答えている。

役員応接室での拳銃自殺

一九九三年一〇月二〇日午後。野村秋介氏が朝日新聞東京本社の役員応接室で、中江利忠社長(89)の面前で拳銃自殺した。私は次長として赴任していた阪神支局で仕事中、テレビのニュース速報で知った。

「なぜ、社長を会わせたのか?」

「社長が射殺されていたら、一体誰が責任を取るのか?」

正直に告白すれば、こんな疑問や怒りが次々に湧いてきた。新右翼、既成右翼、任侠系右翼などに圧倒的な影響力を持ち、赤報隊事件解決の鍵を握る可能性もあるとみられていた野村氏が朝日新聞社に「死に場所」を求めたのではないか。とっさに思ったのは、野村氏が一連の赤報隊事件に関わっていて、いわば、その責任を取る形で自決したのではないか、という疑念である。関係者に取材を重ねた結果、「もしそうなら、野村さんはそのことを遺書に書き残すはずだ。野村さんはそんな人だ」と話す人がほとんどで、野村氏が用意周到に残した複数の関係者宛ての遺書にも、赤報隊をめぐる記述はなかったことが分かった。周辺の関係者らへの取材からも、「責任を取っての自殺」は考えられないとの結論にたどり着き、納得した。

しかし、それにしても、朝日新聞社で何が起きていたのか。なぜ中江利忠社長が野村氏に会ったのか。当時、取材班として朝日新聞社の広報部に問い合わせたが、「この件は部外秘だ」として資料を見ることすらできなかった。最近、私はあるルートで『中江利忠社長回想録』の一部を入手した。当時の社長、中江利忠氏の供述を社史編修室（現在は社史編修センター）がまとめたもので、「部外秘」ではあっても、新聞社のトップとして公的な責任を負う中江社長が社史編修室の求めに応じて語った内容である。歴代の社長の多くが、退任後に『回想録』を残していることも知った。『社長回想録』は一定期間を経れば公開すべきだと私は思う。その『回想録』を一部引用し、あえて一記者の立場で意見を述べさせていただく。

回想録のうち、野村事件に関わる部分は二五ページに及ぶ。「野村事件　その発端」「自宅に届いた手紙」「野村との最初の交渉」など時間を追って計一九項目に分かれて書かれている。その大筋については、野村氏が率いていた出版社・二十一世紀書院が刊行した『さらば群青』で書かれている内容と一致している。野村氏が拳銃で自殺した一〇月二〇日午後の役員応接室でのやり取りについては、朝日新聞社、野村氏側の双方が録音しており、私は野村氏側の関係者から入手した録音テープを実際に聴き、このテープから書き起こしたメモも手元にある。最後に野村氏が自身に向けて拳銃を発射する乾いた銃声が今も耳に残っている。『週刊文春』の一九九四年新年号にもこの録音テープなどを元に編集した特集記事が掲載されている。

問題の発端は一九九二年七月一五日発売の『週刊朝日』。最後部の山藤章二氏の「ブラックアングル」に、野村氏らが立ち上げた政治団体「風の会」を揶揄する風刺画が掲載されたことだった。この風刺画で、山藤氏は「風の会」のことを「虱《しらみ》の党」と描き、野村氏側は「公党を侮辱する内容」と受け止めた。

中江社長の『回想録』には「発売日に配本された週刊(朝日)を見た私は、「これ大丈夫か。あとで問題にならないか」と秘書役の秋山(耿太郎)君(後の社長)に聞いたら、彼も「そういえば、これは問題ですね」と答えた。私は多忙だったので、秋山君に、私からだといって、「必要な手当をしないと、あとで困ることになるよ」という指示を出版局長に伝えておいてくれ、と頼んでおいた」「あとで分かったことだけど、七月二一日に野村は伊波(新之助)編集委員に「朝日はけしからん、俺は朝日をつぶす決心をした」と電話をしてきたので、伊波君は編集局長に報告し、出版局にもこれは伝えられた」と書かれている。

折から、七月八日公示の参議院選挙で「風の会」は比例区に一〇人の候補を立て、野村秋介氏は名簿記載第一位に名を連ねていた。七月二六日の投票の結果、「風の会」は計二二万票を獲得したが、当選者は出せなかった。そして、選挙後、一〇月一日の消印で、中江社長宅に「戦後の日本をここまで駄目にした一片の責任は貴社、朝日新聞にもあると思っています。同封のコピーは貴社の我々に対しての姿勢ですが、選挙中にこの為体《ていたらく》、貴社は戦後一貫して祖国日本を裏切り続けてきた。一度参上します。是非時間をあけて頂きたく、かかる書状を差し上げる以上、それなりの覚悟をもっての事、御配慮頂きたい」という文面の手紙が届いた。この手紙には「ブラックアングル」のコピーが同封されていた。

『回想録』は、「果たして、懸念していた通りの事態になった」とあり、「「ブラックアングル」の責任がどこまであるのか、難しいところだけど、広報担当取締役には「選挙中の公党を侮辱して怒らせてしまった事は事実で、特に選挙中というのが一番大きな問題だから、私は野村に会ってもいい、と思っているんだ」とは言っておいた」とある。

その後、朝日新聞社側と野村氏側とのやり取り、交渉が続き、野村氏側は朝日新聞社側との公開討論会を要求。それへの対応が決まらないまま、一二月一八日号の『週刊朝日』に「お詫び」が載った。「選挙期間中に公党の中傷につながる表現をとることは厳に慎むべきで、まことに不適当でした。野村秋介代表はじめ「風の会」関係者のみなさんにご迷惑をかけたこと、またこのようなお詫びの掲載が遅くなったことをあわせて、ここに深くお詫びいたします」との文面だったが、この「お詫び」では決着はしなかった。

翌一九九三年一月、朝日新聞社は橘弘道氏を、『週刊朝日』などの出版物を管轄分野とする出版局長に就任させた。以後、橘氏が野村氏側との交渉役を務めるようになる。この人事について、『回想録』で「(中略)私は橘君ならひょっとしてうまくやってくれるかもしれないと思った。というのは、橘君は右翼の橘孝三郎の孫だったからだ」と中江社長は振り返っている。実際には橘弘道氏の父親が橘孝三郎の従兄弟という関係だった。橘孝三郎は戦前、農本主義を唱えた右翼運動家として知られ、茨城県の水戸で愛郷塾という私塾を作り、その塾生らが五・一五事件で軍人らと呼応して決起した。野村秋介氏も、やはり五・一五事件を主導した元海軍軍人三上卓を師と仰いで右翼活動家となっていたことから、橘弘道出版局長との間で信頼関係が生まれることを期待したとみられる。

橘氏は中江社長の期待通りの動きを見せた。横浜市の野村氏の自宅などに通い詰め、八月末には以下の三項目の合意が成立した。①野村事務所は、橘、野村の対談を収載した本を出版し、これを公開討論に替える、②一〇月二〇日、野村氏は朝日新聞社で社長と、正午から一時間の予定で会談する、③同日一二時半から都内で開催する「風の会」総会の席上、橘出版局長が「風問題」を詫びる文書を読み上げる――。

この合意の後、「詫び状」を読み上げる会場が「風の会の総会」から「新右翼の諸団体が参加するシンポジウム」に変更されるなど、いくつかの修正があり、一〇月二〇日の午前一一時四五分から朝日新聞東京本社の役員応接室で、合意に基づく会談が始まった。朝日新聞社側は中江社長以下五人、野村氏側は野村氏、野村氏の息子の勇介氏、右翼団体代表の松本効三氏(故人)ら五人。冒頭、中江社長が「私からも心からお詫びいたします」と挨拶。野村氏はリーフレットに掲載予定の自身の原稿を読み上げ、「(首相だった)細川護煕が、先の戦争を侵略戦争と位置づけ、深く反省しお詫びすると発言したのは許せない、神風特攻隊の尊い犠牲の上に今日の繁栄があることを知れ……」と持論を述べるなどし、会談は「和やかな感じ」(中江社長の記述)で進んだ。しかし、午後〇時四〇分ごろ、読者広報室長が「そろそろ……」と終了を促したあたりで、野村氏の表情が一変。二丁拳銃を取り出し、「みなさんに危害を加える気持ちはない」と言い、居合わせた息子の勇介氏に母親のことを託すなどし、「皇居はどっちになる?」と読者広報室長に尋ね、皇居に向かって「すめらみこと　いやさか」と三回、大音声で叫んだ後、拳銃二丁とも自身の腹部や胸部に向けて発射した。ほぼ即死だった。

『回想録』では、中江社長が「野村は一度も銃口を我々に向けなかったと週刊誌には書かれていたけど、一度だけあった。読者広報室長が何か言いかけようとした折だったが、すでに胡座をかいて拳銃を二丁とも胸に当てていた野村が、右の拳銃を少しだけこちらに向けた」と述懐している。

『回想録』の後半の「社内への説明」では、一〇月二八日付で社報の速報号外を出し、社員向けに経過説明したことが書かれ、「「社長が会談したことは次善の策だったが、問題の特殊性からいって選択肢はあれしかなかったと思う。自殺という事態を事前に予測できなかったかということだが、そこまでは考えられなかった。残念に思う。本社側の全員が冷静に対処できたことは、せめてもの救いだった。了解していただきたい」という「社長の話」を掲載している」とある。さらに、中江社長の述懐は続く。「実はこの社報号外が出る前に、社内でも色々議論があって、特に東京の編集部長会でみんな率直に意見を述べてくれたが、その中で（東京本社の）社会部長が、これは結果的に右翼に屈したことになって問題であると発言し、この他にも批判的な意見が出た。彼の気持ちもよく分かるけど、橘君は考えるところがあって、私には「社会部対策は私がちゃんとやっておきますから」と言っていた。橘君によれば、このことを事前に社会部に知らせると、たぶん社会部は警視庁に知らせるだろう、警視庁の私服刑事を張り込ませ野村を案内する通路で待ち伏せすることになるだろう。野村は勘がいいから、私服の刑事に気づく。そして誰かを人質にとって警察と対峙して、不測の事態が起きる蓋然性もあった。だから社会部にはいっさい知らせないでやったんだ、と橘君は言っていたんだけどね」

東京本社籠城事件

『回想録』はこの後、野村氏が率いていた右翼団体「大悲会」のメンバー二人が一九九四年四月一日に起こした朝日新聞東京本社籠城事件についても触れている。この事件で、二人はピストルと日本刀を携え、「野村秋介の門下生」と名乗って一五階の役員応接室を占拠し、秘書部長ら二人の幹部社員にピストルを突きつけて数時間にわたって籠城。当時、大悲会の会長だった中台一雄氏（66）が駆けつけ、その説得に応じて投降した経緯などが書かれている（回想録ではすべての人物が実名になっていたが、ここでは一部の人物を除いて肩書きのみの表記にとどめた）。

以上の経緯の中で、私があえて指摘したいのは、早い段階で、中江社長が「私は野村に会ってもいい」

と担当役員に伝えていることである。私は襲撃事件をきっかけに始まった言論をめぐる連載企画「「みるきく　はなす」は　いま」で八八年五月、中央公論社の「嶋中事件」について書いた。この記事のテーマは、テロの脅威にさらされた出版社の経営責任者の対処のあり方であり、組織のトップが右翼に会うことの危うさだった。一九六〇年の『中央公論』一二月号に掲載された深沢七郎氏(故人)の小説「風流夢譚」に、皇族の処刑場面が出てくるのを、右翼団体が「不敬だ」と激しく抗議。翌六一年二月一日夜、一七歳の右翼少年が嶋中社長(故人)宅に押し入り、ナイフでお手伝いさんを刺殺、夫人にも重傷を負わせた。この殺傷事件の二日前、嶋中社長は同誌編集長とともに、社に押しかけてきた約三〇人の右翼に会っていた。「社を潰せ」と怒号を浴びせられ、社長が「誌上でのお詫び」を約束させられた。死傷事件の一週間後、「――この件を端緒として殺傷事件まで惹き起こし、世間をお騒がせしたことを更に深くお詫び申し上げます」という嶋中社長名の「お詫び」が全国紙に掲載され、「なぜ、事件の被害者が詫びるのか？」と社内外の批判を浴びた。嶋中社長らはこの後、評論家の福田恆存氏(故人)らの同席で、戦前派右翼の畑時夫氏(故人)にも会って、事態収拾に動いた。八八年時点での私の取材に対し、嶋中社長は「「お詫び」後も不穏な動きを感じ、ある右翼に会いに出向いた。畑氏が待っていることは知らなかった。殺傷事件の前に、社で右翼に会ったことも反省している」と述べている。

野村氏の拳銃自殺事件と嶋中事件で状況が異なることは承知している。嶋中社長は不用意に右翼に会ったのに対し、中江社長は担当局長らによる十分な事前準備を経て、会っている。「風流夢譚」の内容がそもそも「お詫び」すべきものだったかどうか、異論があるのに対し、「虱問題」で「お詫び」することについて強い異論はなかった(反対意見も一部にはあった)。しかし、結果的に「不測の事態(社長の面前での拳銃自殺)」が起きたという意味では、右翼に「お詫び」を約束させられた嶋中社長と変わらない。阪神支局襲撃事件の後、朝日新聞社は各本社、支局で不審者の出入りを厳重に警戒するよう指示を出していた。そうした警戒態勢の下、野村氏も、野村氏の門下生二人も、拳銃や日本刀を携えて役員応接室に堂々と入っている。野村氏の入室については不測の事態に備えるため、警察への事前連絡も必要だった、と私は思う。野村氏の信頼が厚かった右翼団体「大日本朱光会」会長(当時。現在は名誉顧問)の阿形充規氏(78)は「野村さんは朝日新聞の社長に銃を向けるつもりはなかった。しかし、拳銃を二丁用意したことで、一丁を朝日新聞社の社長に、もう一丁を自身に向けて刺し違えることもできたのだが、あえてそうはしなかったのだ、ということを伝えたのだ、と私は解釈している」と話している。

さらに、一連の襲撃事件を取材してきた立場からいえば、捜査当局が赤報隊との関連を注視してきた新右翼の、最も有力な指導者の一人が野村氏であることについて、『回想録』がまったく触れていないことも納得できない。『回想録』で橘出版局長が「社会部対策はちゃんとやっておきます」として、事態の推移を社会部に一切伝えなかったことについても、大きな禍根を残したと思う。

これらの対応について、仮にやむを得ない判断だったとしても、一定期間後に一連の経緯を公表して、朝日新聞社の対応を世に問うべきだったと私は思う。

「一水会」代表(当時)で、野村氏と交流のあった鈴木邦男氏は二〇〇二年二月、『週刊SPA!』に連載していたコラム「夕刻のコペルニクス」で「野村さんは彼ら(赤報隊)と何度か話し合っていた。「朝日をやるならトップをやるべきだ。無差別に末端記者をやるのはよくない」と野村さんは窘《たしな》めた。すると赤報隊は「(略)トップを殺すとトップだから殺された。我々に関係ないと一般記者は思う。それでは朝日の論調は変わらない。誰が殺されるのか、わからないという恐怖を与えることによって朝日を変える」と訴えた。説得は無理だと野村さんは思った。そして野村さんは最大のターゲットの朝日社長を前にし、銃口を自分に向けて発射した。自決することで赤報隊にもうテロはやめろと言った。それがわかったから赤報隊はテロをやめたと思う」と書いた。

私は鈴木氏に取材した際、この記述の「真意」について質問した。鈴木氏は「想像にお任せします」「事実に基づくフィクション(作り話)というところでしょうか」などとはぐらかすように答えた。たしかに、赤報隊による連続事件が止まったことと、野村氏の拳銃自殺という事実を結びつけて「物語」を創作したようにも思える。

さらに、鈴木邦男氏が率いていた一水会の機関紙「レコンキスタ」によると、三月二七日、「時効寸前赤報隊の真相」と題した一水会主催の講演会で、講師役の鈴木氏がこうも語っている。

「野村(秋介)さんは赤報隊には会ったとも言っていました。何人かのグループがたずねてきた、と。野村さんは人を見抜く目がありますからねえ。何百人、何千人と人に会った中で、「あ、こいつらだったらやるだろう」「こいつらしかいないだろう」というのがあったんでしょうねえ。そういう意味では野村さんも赤報隊をある部分では評価している。そして、新右翼だと言われても構わない。寧ろ新右翼の中からそのくらいやれるやつがでて欲しい、というのがちょっとあったんでしょうね。野村さんもそう言いながら、右翼にはそれだけ腹の据わったやつはいないと言っていました」

放火

鈴木氏は、野村氏が赤報隊と会っているのか、会っていないのか、どのようにも受け取れる話をしていたのだ。その直前の二〇〇二年三月一七日未明、鈴木氏の自宅が放火された。

その数日後、私は東京の目白駅からほど近い鈴木邦男氏の自宅を訪ねた。古い木造のアパートの一階で、狭い玄関を入ってすぐの土間にあった洗濯機が黒焦げに焼けていた。発見が遅れていればアパートが全焼していた可能性があるし、玄関が燃え上がっていれば、鈴木氏は逃げられなかった可能性もあると思った。この事件の直後、鈴木氏が代表をしていた一水会の事務所に、「民族独立義勇軍再建委員会声明」というタイトルでワープロ打ちされた、以下の脅迫状が送られてきた。

　三月一七日未明ワガグンはエセ民族派文化人の首魁タル変節漢スズキクニオの自宅に対しキシュウコウゲキを敢行セリ。ワガグン兵士はスズキが自室内でポリポリと菓子をムサボリ食らう音を確認して、奴輩の部屋の前に火を放てり。変節漢スズキはこれをケイキとして過去の行状を猛省セヨ。ジゴ一切ワガグン別動隊についてセンサクすることは許されない。今回のコウゲキは警告にスギヌということを忘れるな。我々はドコニデモイルということを忘れるな。スズキクニオはナゼこの時期にシュウゲキされたのかミズカラの胸に手を合わせてジュッコウせよ。

この脅迫状で、「ワガグン別動隊」が「日本民族独立義勇軍　別動　赤報隊」を指しているのは明らかだ。二〇〇二年五月に迫った阪神支局襲撃事件の公訴時効成立を前に、鈴木氏が書いたり話したりした、どの内容が放火犯人を怒らせたのかは定かでない。当時の私たちの取材に対し、鈴木氏は「おそらく身内の民族派が関わっていると思う。詮索はしたくない」と語り、警察への被害届けについても「出していない」と話した。放火事件の実行犯については数年後、かつて統一戦線義勇軍にいた人物と、大東塾にいた人物の名前が右翼陣営の内部で取り沙汰されていた。私は複数の右翼活動家から、二人の名前を聞いた。しかし、二人ともすでに死亡しており、真相は不明のままである。

『週刊新潮』の誤報

野村秋介氏の自殺から一六年後の二〇〇九年、「野村秋介氏が赤報隊の犯行声明文を書いていた」とする記事が『週刊新潮』に連載された。「私は朝日新聞「阪神支局」を襲撃した」「実名告白手記」というタイトルで始まった連載記事の二週目。記事では、「実行犯だった」と名乗る島村征憲氏（故人。一連の記事掲載後に自殺）が「そこで早速ワープロを箱から取り出してセットし、その間に野村氏が例の東京本社襲撃事件の犯行声明文を便箋か何かに書いた。ざっと書いたところで渡されたので目を通しました」と述べていた。この記述そのものが不自然だったし、犯行声明文をワープロで打ったという野村氏の「秘書の女性」も実在していなかった。島村氏が語った阪神支局襲撃の顛末についても、「机の陰で失禁している記者の尻をけ飛ばし、「五分動くなよ」と声をかけ、手帳を奪って逃げた」などと、ありえない内容になっていた。

私たち朝日新聞社の取材班は、「虚言　そのまま掲載」というタイトルで、新潮社の記事を全面的に否定する検証記事を出したが、その中で、私は「見えぬ裏付け　新潮社に責任」という評論記事を執筆した。「事実に基づかない記事は、被害者の名誉を傷つけ、遺族の思いを踏みにじった。「虚報」の責任は、証言者だけでなく新潮社も負わなければならない」と書いた。右翼団体の動きも早かった。野村氏の盟友だった大日本朱光会の阿形充規氏（当時は名誉顧問）が、野村氏について書かれた記事が出た直後、抗議文を新潮社に送付。さらに五つの右翼団体の代表者らが新潮社へ抗議に赴いた。新潮社は編集部名で彼らに「謝罪文」を提出し、誌面でも「誤報だった」と認める「検証記事」を掲載した。

長崎市長銃撃

野村秋介氏は生前、長崎の右翼団体代表の高木三郎氏（仮名。故人）とも深い交流があった。高木氏が率いていた右翼団体は、長崎の地元で裁判所や新聞社に銃を撃ち込むなど過激な行動で知られていた。高木氏は阪神支局事件が起きた三か月後の一九八七年八月、『地下に潜る暴力犯罪　暗黒街の左翼化への危機』という本を出版し、「警察が厳しく取り締まるから、右翼や暴力団が地下に潜り、かえって街が危険になってしまう」と主張していた。昭和の末期の一九八八年暮れ、「（昭和）天皇の戦争責任はある」と発言した本島等・長崎市長（故人）に対し、高木氏は全国から多数の右翼団体を集めて連日、糾弾行動を重ねた。一年余り後の九〇年一月、本島市長は銃で撃たれ、重傷を負った事件が起きた。高木氏の部下による犯行だった。当時、この右翼団体が起こした別の事件に関連し、銃身の短い銃が押収されたこともあって、一連の朝日新聞襲撃事件との関連が取り沙汰されたこともあったが、捜査の結果、「無関係」とされた。

私は、右翼団体の街宣車が長崎に集結した頃から何度も長崎に通い、高木氏への取材を重ねた。九〇年春、取材班が中心となって「右翼　現場からの報告」を連載した際には、私が高木氏に取材への協力を求めた。仲間の記者らが長崎の同団体の本部事務所に泊り込み、街宣車にも同乗して取材した。この団体の東京の事務所でも、高木氏と何度も会い、野村秋介氏について話を聞いたこともある。

野村秋介氏は、山口組系の暴力団後藤組組長の後藤忠政氏(現在は引退。75)ともごく親しかった。後藤氏は半生を振り返った著書『憚りながら』で、「生涯の友・野村秋介」という章を設け、思い出を綴っている。野村氏が朝日新聞社で自決した後、葬儀を取材した同僚記者は「葬儀を取り仕切っていたのは、間違いなく後藤組長だった」と私に語った。

野村氏は新右翼団体の一水会の支援者でもあった。一水会を率いていた鈴木邦男、木村三浩両氏は、警察庁が一九九八年夏に作成した、赤報隊事件との関わりについて捜査すべき「九人のリスト」に入っていた。一水会は代表的な新右翼団体であり、七〇年代後半から八〇年代にかけてメンバーらが各地で反米軍基地闘争など様々な運動に取り組み、火炎瓶投げ込みなどの事件も起こしていた。しかし、当時から朝日新聞を含めたマスコミに常に登場していた二人に、一連の襲撃事件を起こす機会も動機もなかった、と私は考えていた。私はあらためて両氏に会い、事件発生時の状況やアリバイなどについて詳しく取材した。この取材からも、「総合的に判断してシロ(事件とは無関係)」という捜査当局の判断に納得している。

野村氏は右翼団体・大悲会を主宰する傍ら、二十一世紀書院という出版社の代表も務めていた。野村氏の遺言に沿い、大悲会は中台一雄氏が、二十一世紀書院は蜷川正大氏(66)が継いだ。蜷川氏は二〇一三年、

『師・野村秋介』を著し、野村氏の自決までの経過などを振り返っている。

二〇一五年三月、野村氏の自殺の後、長年連絡が取れなくなっていた大悲会会長の中台一雄氏に会うことができた。中台氏は今も、野村氏に心酔している。「野村先生は朝日新聞のことを「思想は異なるが評価する」と日頃から話されていた。だから赤報隊とは無関係です。しかし、野村先生のところには、様々な人たちが出入りしていた。自衛隊の幹部隊員から文学青年まで多士済々だった。その中に、赤報隊が紛れ込んでいた可能性は消えない」と話した。

4　ある名画盗難事件

名画盗難をめぐるミステリー

一九世紀後半のフランスの画家ロートレックの傑作油彩画「マルセル」。オペレッタの主演女優マルセル・ランデルを描いたとも、パリの同名の娼婦を描いたともいわれる。縦四六・五センチメートル、横二九・五センチメートルという小ぶりのカンバスに描かれた実物の「マルセル」を朝日新聞大阪本社の編集局長室で見た社会部の先輩のＧ記者は「思わず心が吸い込まれるほど魅力的だった」という。

一九六八年一二月二七日、京都市の京都国立近代美術館で開催されていたロートレック展（読売新聞社主催）の会場から、「マルセル」が盗まれた。この盗難事件に襲撃事件取材班の私たちが強い関心を持った経緯を書く。

「マルセル」盗難事件は国際的信用にもかかわるとして、京都府警などが懸命に捜査した。事件から三日後、美術館から約三〇〇メートル離れた琵琶湖疎水(運河)の近くで額縁だけが見つかり、その周辺で犯人のものとみられるズック靴の足跡も採取された。一週間後の六九年一月四日、事件発覚の前夜から当直だった五五歳の守衛が自殺し、衝撃はさらに広がった。

思わぬ展開を見せるのは、事件から七年後、一九七五年一二月に未解決のまま窃盗罪の公訴時効が成立した後である。七六年一月二九日、大阪・北摂地区の会社員夫婦が朝日新聞東京本社に「知人から預かっている絵画がマルセルではないか?」と電話してきた。連絡を受けた大阪本社の編集局の総力取材によって本物のマルセルと分かり、関係者への入念な取材を経て、三〇日付朝刊で「マルセル大阪にあった」「盗難から七年一カ月　無傷で」「本社に連絡　本物と断定」などの見出しが躍る特ダネ記事となった。

G記者が感動したのは、本物かどうかを鑑定するため会社員宅から朝日新聞大阪本社の編集局長室に持ち込まれ、保管中の「マルセル」を目にした時だった。

その二一年後。阪神支局襲撃事件から一〇年の節目へ向けた取材班が再結成された一九九七年四月頃、大阪本社編集局次長となっていたG記者が私を呼び止め、「樋田君たちが取材対象に挙げている佐山健(仮名)という中学教師は、マルセル盗難事件に関わっている人物ではないか。当時、私も取材に手こずった相手だ。特ダネの通報者は中江社長の友人だった。中江社長に、絵を保管して朝日新聞社に通報してきた夫婦の連絡先を聞いて、調べ直してはどうか」と示唆された。私は早速、中江社長宛てに経緯を説明した長文の手紙を書き、連絡先を教えてもらった。そして、本人に会った。

通報者は、大阪・北摂地方に住む会社員の塚山清さんと左和子さん（いずれも仮名）夫妻だった。左和子さんの兄が関東地方の旧制中学校で中江社長と同級生だったことから、七六年当時、東京本社の経済部長をしていた中江氏に電話したのだという。「中江さん、久しぶり。実は、知り合いから変な絵を預かっています。マルセルって書いてあるらしいんだけど、どうしたらいいのかな？」と相談を持ちかけた。中江経済部長は、わずか一か月前の前年一二月に時効になったマルセル盗難事件について話し、「盗まれた絵だったら大変なことだ。すぐ大阪本社の社会部長に電話するから、協力してやってほしい」と話した。左和子さんは心底から驚き、その夜は一睡もできなかったという。

盗まれた名画を預けた男

夫婦の話から、ことの経緯を振り返る。

夫婦と佐山健氏が知り合ったのは一九六四年ごろ。佐山氏はまだ高校生だった。当時、夫婦と佐山氏の一家とは近所付き合いをしており、六八年ごろまで続いた地区のゴミ焼却場計画への反対運動を通じて交流が深まった。当時、佐山氏は、左和子さんのことを「おばちゃん」と呼んで慕っている風だったという。その後、佐山氏は同志社大学へ進み、そこで右翼運動に関わるようになった。「その頃、彼が北方領土へ行って日の丸を立ててくるって話していた。おかしなことを言う子だなと思っていました」と左和子さん。

佐山氏が問題の絵を預けに来たのは七三年春か秋。大学を卒業して、住宅会社に就職し、結婚間近だったという。昼間に紫色の風呂敷包みを抱えてやって来て、「僕の大切なものだから預かってほしい」という。

何かと尋ねたら、「おばちゃんには関係ない。僕の大切なもの。お母様やお父様には渡さないでほしい」と話したという。

左和子さんは「ひょっとして昔の女性の思い出の品あたりかな」ぐらいに軽く考え、中身も見ずに、玄関で受け取ってそのまま押し入れに突っ込んだという。その半年ほど後、夫婦で海外旅行の準備中に押入れを開け、預かっていた包みを動かした際、隙間から中身が少し見え、「絵なんだな」と初めて分かった。二年余り後の七六年一月二四日、夫の清さんがたまたまルノワールの画集を買ってきた。その絵を見ながら、「どこかで見たことあるな」と思い（「マルセル」はルノワールの絵と筆のタッチがやや似ている＝筆者注）、押し入れの包みを開けて中を見た。その時、高校生だった娘さんも一緒にいて、「絵の端や裏に何か書いてある」「マルセルとも書いてあるみたい」と言い、もしかしたらすごく値打ちのある絵ではないかということになった。値打ちのあるものなら佐山家に返そう。値打ちのないものならいずれ佐山本人に返そうと思い、「兄の友人の中江さんなら頼りになる」と思って相談の電話をしたのだという。この時、佐山氏は大阪府北部の中学校の教師になっていた。

中江部長に電話した翌日の一月二九日、左和子さんと清さん夫妻は朝日新聞大阪本社の社会部の取材を受け、同社の近くのホテルで一日中、いわば軟禁状態になってもらった。他社の取材を受けられないようにするためだった。その間に、大学教授ら専門家が鑑定作業を続けた結果、絵は本物のマルセルと断定された。

午後一一時ごろ、大阪本社の社会部長とH記者は京都府内の佐山氏の自宅アパートを訪ねた。佐山氏は真っ青な顔をしており、「悪いことをしたと思っている」と話し、謝ったという。同じ時間帯に、別の記者二人が左和子さんから詳しく話を聞き、左和子さんを自宅に送り届けたという。社会部長とH記者による佐山氏への取材は、さらに続いた。原稿の締め切り時間が迫る中で、H記者が部屋を出ようとすると、入れ替わるように京都府警の刑事が室内に入った。アパートの外側には、各社の記者たちが取り囲むように待っていたが、部屋の中でどんなやり取りがあったかを取材できた記者はいなかった。朝日新聞は翌三〇日付の朝刊の一面トップで記事を掲載し、大騒ぎになった。毎日新聞だけが「マルセル戻る」という二〇行ほどの短い記事を一面に出し、朝日の報道を追っていた。

佐山氏は一月二九日夜、H記者らの取材に対し、「あの絵は、ある人物から預かった。そのあと塚山さん夫妻に預けた。このことは警察にも話すが、それ以外のことは誰にも絶対に言えない。それが信義というものだ。塚山さん夫妻には、ご迷惑をかけてすまない」と話した。京都府警の事情聴取に対しても、同様の内容を話し、誰から絵を預かったかについては供述を拒否し続けた。

その後、左和子さんが刑事に聞いた話では、佐山氏はその夜、朝日の記者、京都府警の刑事らが引き上げた後、実家に電話した。父親は身内の大学法学部教授に連絡し、その教え子の弁護士をつけたという。刑事は「弁護士が付いて、佐山はいよいよ何もしゃべらなくなった。朝日新聞が取材にさえ行かなければ、我々の取り調べで何とかなったかもしれないのに」と不満を述べていたという。

一月三〇日朝、H記者は佐山氏の勤務する中学校に一人で出かけた。偶然にもH記者の子どもたちが通っていた中学校で、しかも子どもの一人のクラス担任が佐山氏だった。H記者が廊下から教室を覗くと、佐山氏は黒板に「信義」と大書し、その大切さを、生徒らに語り聞かせていたという。

午後になって、各社の記者が中学校に殺到した。このため、近くの市役所の記者クラブで佐山氏は各社の取材を受けることになった。やはり、「ある人物から中身も確かめずに預かり、そのまま自宅の押し入れの天袋に入れておいた。その後、知り合いに預けた」との主張を続け、「中身を本当に知らなかったのか？」との質問には「人から預かった物を覗き見するような汚い根性は持ち合わせていない」「私も政治活動をしていたので、警察が興味を持つもの、たとえばビラか何かを入れた箱だと思っていた。重さから見て、爆弾とは思わなかった」などと冗談めかして話した。「真相解明に協力すべきではないか」との問いには、「我々の年代には、警察が追いかけているから悪いヤツだというような江戸時代的な発想はない。道義的責任は残るにしても、法的には時効でケリがついていることではないか」と答えた。「教職にある身との矛盾は感じないか」との質問には、「民間会社だったら続けられないかもしれないが、私の職場環境は非常にいいので、同僚も分かってくれると思う。ＰＴＡと生徒たちには私から説明する」と答えたという。

京都府警の刑事が左和子さんに説明したところによると、盗難現場の近くでズック靴の足跡が見つかったが、佐山氏も当時、いつもズック靴だったといい、靴のサイズもほぼ一致していたという。事件直後、美術館近くで紫色の風呂敷包みを抱えた若者を乗せたタクシーもいた。若者は足に怪我をしていたという。その頃、佐山氏も足を骨折していた。佐山氏は骨折した理由について「スキーで」とか「山登りで」とか、人によって違うことを言っていたという。京都府警は、マルセル盗難事件の公訴時効成立に伴い捜査内容をまとめた書類を京都地検に送る際、容疑者について佐山氏の可能性に言及した意見書を添付した。佐山氏は騒ぎの約一週間後に職場に復帰し、以後も「橋川幸夫」（実際に使用している活動家名とは別名＝筆者注）の名前で右翼活動にかかわりながら、社会科教師を続けた。

朝日新聞は、佐山氏が塚山さん夫妻に預けておいた「マルセル」を取り戻す前に、盗難絵画発見の顚末を「特ダネ」で報じた。佐山氏の政治信条は別にして、朝日新聞への反感を募らせたことは容易に想像できる。

左和子さんが聞いていたように、佐山氏は同志社大学に在学中の一九七〇年ごろ、単独で北方領土への上陸を試みている。小型ボートを積んだ車で根室へ行き、明け方に海岸からボートを漕ぎ出した。濃霧の中でボートは方向性を見失って引き返し、上陸はできなかった。このボートには日の丸のほか、「独立義勇軍」と書いた旗を掲げていたという。佐山氏は後年、右翼活動家らとの宴席で酒を酌み交わすと、かつての「大陸浪人」の心情を伝える「狼の歌」や「星落秋風五丈原」などの歌に聴き入って涙し、時には自身も放歌高吟に加わり、「独立義勇軍」の旗を掲げて北方領土を目指した「冒険談」を披露したという。

阪神支局襲撃事件が起きた一九八七年当時、佐山氏は中学校教師のかたわら、毎月一回、「一日会」という民族派の勉強会を主宰し、時折、朝日新聞大阪本社を取り囲む「抗議デモ」などを組織していた。「一日会」の機関誌を定期的に発行。たとえば二〇〇二年四月一五日発行の第百記念号は「皇紀二千六百六十二年卯月十五日発行」とし、「神風」という題字の下に「揮毫　田中正明先生」。その下には同会のスローガンが並び、その四項目には「『一日一動』天下・民族の為に、一日一回は活動せよ」、五項目には「大東亜戦争未だ敗れず、諸卿、東亜諸民族と共に皇道を邁進せん」と書かれていた。

「朝日新聞は「被害者」に非ず」

この記念号から、「『赤報隊』は消えず」と題した記事を一部引用する。

所謂《いわゆる》『赤報隊』事件の関連報道で、「朝日新聞」は徹頭徹尾「被害者」を装っている。又、朝日新聞に依る反日売国組織犯罪への正当な糾弾活動を記者個人への殺人事件にすり替え、国民の眼を欺いている。(中略)斯《か》かる「反民族・反国民・反国家犯罪」の加害者たる「朝日新聞」と其の社員—共犯者—が、何故に「被害者」としての自己主張を行う論拠を保有していると言えるのか。正に笑止千万、「朝日新聞」は我日本国民・民族全体に対する「加害者」「抑圧者」「裏切者」にして「被害者」に非ず。

「朝日」の「反日攻撃」に対しては、『日本民族』『日本国民』からの当然、且つ必然的反撃—即ち『天誅』—が生起されるはずであり、(中略)端的に表現するならば、全ての日本国民が『赤報隊』の要員であり、候補者であるのである。

『赤報隊』は必ずや消えず、民族的正義は永続し、「民族の敵」は其の大罪故に必罰天誅を免れ得ないのである。

この記事の最後には四角い枠で囲んだ広告のような体裁で、「国民の敵　朝日新聞」「民族の裏切者　朝日」「自虐異常の朝日新聞」「加害妄想増進　朝日」という太文字の標語のような言葉が並んでいた。佐山氏が朝日新聞に抱く思いが凝縮されている表現とも受け取れる。巻末には「第百記念号」の発行を祝う三九人のメッセージのコピーが転載されている。その中には、長谷川三千子氏(毎号、胸のすく思ひで拝読いたしてをります)、大東塾・神屋二郎氏(同人諸氏のご活躍に衷心より敬意を表します)、憲法学者・小森義峯氏(神州日本に正気の風を吹き込む『神風』)など著名氏からのメッセージもある。

一九九一年一二月八日午前二時四〇分ごろ、神奈川県横須賀市の在日米軍横須賀基地内の高台にある車庫で車一台とバイク一台が全半焼した。近くでポリ容器の燃えかすが見つかった。この事件の約二時間前の同日午前〇時二五分ごろ、同基地の入口付近で、軽油とガソリンを入れたポリタンクを抱えて歩いていた男が逮捕された。大阪市内に住む右翼活動家で純正社会主義北一輝研究会代表の赤川敏武氏(仮名)だった。赤川氏は神奈川県警の事情聴取に対し「基地司令部にガソリンをまいて放火しようと思い、侵入口を探しているところだった」と供述したというが、ライターなどの点火物を持っていなかったため、処分保留で釈放された。基地内の車庫から出火し、建物や車両が燃え上がったのは、赤川氏が事情聴取を受けている最中の出来事だった。基地と隣接する神奈川歯科大学の警備員が事件当時、基地方向から走り去る男を目撃している。

阪神支局襲撃事件を捜査する兵庫県警は、米軍横須賀基地で起きたこの事件に強い関心を寄せた。その理由は、この事件のちょうど一〇年前、一九八一年一二月八日に「日本民族独立義勇軍」による最初の事件、すなわち米国神戸総領事館に松明が投げ込まれる事件が起きているからだ。日本民族独立義勇軍は計五件のゲリラ事件を起こし、いずれも未解決のまま。そして一九八七年、「日本民族独立義勇軍　別動赤報隊」による一連の事件が起きている。

兵庫県警は、赤川氏に共犯がおり、基地内の車庫で実際に火をつけたのは、その共犯だとみている。そして、共犯者の可能性がある人物として浮かんだのが佐山氏だった、と兵庫県警の元幹部は言う。この幹部が、その根拠として挙げたのは、赤川氏が佐山氏と大変親しいことに加え、佐山氏は横須賀事件が起きた一二月八日から一〇日まで、勤務先の中学校を休んだ、佐山氏が学校を休んでいる間に、佐山氏の妻が夫の「退職願い」を学校に提出した(佐山氏は学校に戻った後、「退職願い」を撤回した)、赤川氏が持っていたポリ容器が、佐山氏の勤務先の中学校の近くで購入されたとみられることなど。しかし、この件で同県警が佐山氏への強制捜査をした事実はない。

二つの名前

事件の翌年、佐山氏は右翼活動の際に使用する「橋川幸夫」の名前で、一水会の機関紙「レコンキスタ」(一九九二年三月一日号)に一面を埋めつくす長文の論文を投稿している。「横須賀米海軍基地襲撃の真相」と題して、「赤川義士」の「民族的義挙」を「日本民族の健全な精神を体現化する行動」と賞賛。「赤川義士は、精神を集中して三百万英霊の怨念を自己の想念に同化した」「最高度に高まった日本民族の怒りの劫火を米軍基地に向けて発した」「膺懲の劫火は忽ち塔を直撃して更に四方に飛散した」——。つまり、米軍横須賀基地が燃え上がったのは、日本民族の怒りを体現した赤川氏の念力によるのだ、と激烈な文面で「決起の意義」を強調していた。

私は佐山氏に何度も会い、朝日新聞襲撃事件についてどう思うか、繰り返し尋ねている。いつも、以下のようなやり取りとなった。「朝日は諸悪の根源だと思っている。朝日新聞の事件については何も申し上げることはない。敵である朝日に塩を送るようなまねはできない。もし知っていることがあっても私は言わない。あれは起こるべくして起こった事件であり、これからも起きるだろう。もちろん私がやるわけではない」

「それにしても無差別テロが許されるのか？」という問いには、「あなたが、もしここで刃物や銃を突きつけられたらどうする？　逃げるか、闘うか、そのどちらかだろう。そうやって朝日は、民族派に匕首を突きつけてきた。朝日は民族派を滅ぼそうとしている。これが私の朝日に対する一貫した受け止め方だ。朝日新聞は決して被害者ではない。被害者は我々だ。あの事件で、朝日は被害者だと思っているところが致命傷なんだ」と答えるのが常だった。

佐山氏は当時、保守系の論壇誌に「中学社会科教師が告発する教科書採択の内幕」と題して教科書批判、教科書選択の手続きの不明朗さについて追及する論文を執筆していた。「問題だらけとおっしゃる教科書をご自分の授業で使っているのか？」と尋ねると、「仕方なく使っている。受験があるから、「南京虐殺はなかった」と書けば、その子は落ちてしまう。「この記述はウソだ」と教えたうえで、「受験でそう答えたら落ちるぞ」と言っている」と答えた。

一九九八年夏、警察庁が全国の右翼活動家九人を「赤報隊事件の犯人の可能性がある」としてピックアップした際、佐山氏も「九人のリスト」の中に入っていた。しかし、捜査を担当した兵庫県警の刑事が事情聴取を要請しても、佐山氏は拒否した。もちろん、同氏が事情聴取を拒否したのは、誰にも認められた権利行使である。同県警は、同氏からの事情聴取やポリグラフテストは実施せず、周辺のアリバイ捜査などを踏まえて「総合的判断でシロ(事件とは無関係)」との結論を出している。

担当刑事によると、捜査員らが佐山氏の主宰する「一日会」に身分を隠して参加し、同氏が演壇で水を飲んだコップを回収して指紋採取を試みたが、検出できなかったという。夏の季節、佐山氏は自宅から自転車で勤務先の中学へ通う途中、自販機で缶入りの清涼飲料水を求め、一気に飲み干した後、缶を道路沿いの畑に放り投げる習慣があった。畑の中で捜査員がひそかに待ち伏せ、佐山氏が放り投げた空き缶を拾い、指紋採取をしようとしたが、やはり検出できなかったのだという。当時、担当の刑事から「彼は指紋が極端に薄いか、指紋がないのではないか。稀にそんな人間がいる」と嘆く声を私は聞いている。指紋採取は、赤報隊からの手紙の切手の裏側にあった指紋と照合するためだった。

佐山氏は定年退職した後も、「一日会」の活動を続ける一方、「大東亜戦争は未だ終わらず」と題した連続シンポジウムも始めた。赤報隊事件に先立って一九八三年八月、「日本民族独立義勇軍」が朝日新聞東京、名古屋両本社に対して起こした同時発火事件で送りつけられた犯行声明文の冒頭にある「大東亜戦争イマダ終結セズ」と同意味のタイトルである。

この三〇年間、私は佐山氏には数十回にわたって取材を重ねてきた。その多くは佐山氏の勤務先に近いターミナル駅にあるレストランで待ち合わせた。東京や大阪で時々催される右翼民族派の会合などでも顔を合わせたし、一日会の勉強会にも度々出席した。朝日新聞大阪本社を取り囲むデモ隊の指揮をする佐山氏に出くわしたこともあった。親しくなるにつれ、右翼民族派の人脈などについてある程度は聞けるようになり、学生時代の北方領土上陸への挑戦の顚末について語ってもらったこともある。しかし、マルセル盗難事件については、苦笑いを浮かべて質問をはぐらかすなどし、一言も語らなかった。

二〇一八年一月、私は久々に一日会に出席した。第三〇六回と銘打たれ、機関誌は第二八八号となっていた。会は、国歌斉唱、皇居の方角へ向かって「すめらみこと・いやさか」三唱、神武天皇に始まる歴代天皇の名前朗読、昭和天皇による開戦の詔書の朗読などの「皇民儀礼」から始まるようになっていた。

5　国士養成の私塾をつくった男

一九九八年夏、警察庁が警視庁や関連の府県警に指示した右翼活動家への集中捜査では、事情聴取の対象となる「九人のリスト」の中に関東地方在住の山下塾代表、山下義一氏(仮名。68)の名前もあった。

山下氏は阪神支局襲撃事件が起きた二〇日余り後、一九八七年五月二五日付で発行された大阪の右翼団体「皇道青年連盟」の機関紙「皇青新聞」の一面全体を使い、「反日売国朝日新聞社は何故襲撃されるのか!」という署名記事を書いていた。「祖国日本の歴史道統を憎悪で燃やす朝日の記者」との見出しもあり、「朝日新聞は襲われて当然」「(犯行声明を出した)赤報隊を支持する」と主張。「靖国・教科書問題で内政干渉の水先案内人を買って出た朝日新聞社」とも書き、「赤報隊」が翌八八年三月の中曽根前首相宛て脅迫状で「貴殿は靖国・教科書問題で日本民族を裏切った」と書いたことに通じる内容だった。

山下氏は高校時代から右翼思想を深め、関西で左派学生らに襲われたのを機に、「武器を学んで復讐する」と考えて、陸上自衛隊に入隊した。一九七〇年一一月、三島由紀夫自決事件の後、自衛隊を除隊。伝統的右翼団体・大東塾が開設する大東会館の寮生として国士舘大学などに通った。七七年三月には同じ民族派の野村秋介氏ら三人とともに経団連本部襲撃・占拠事件を起こし、懲役六年の刑で服役している。

兵庫県警の捜査本部が山下氏に注目したのは、上記の事情のほか、阪神支局襲撃事件が起きた八七年五月三日のアリバイがはっきりしていないことだった。かつて、同県警などの事情聴取に対し、五月三日から七日にかけて、家族の病気見舞いなどの理由で関西と北陸に滞在していたことを明かしている。三日夜の行動について「大阪で親類と食事をしていた」と話しているが、同県警はその裏付けを取ることができなかったという。

企業家からの支援

山梨県内にあった山下氏の自宅を、私が最初に訪ねたのは一九九八年秋だった。山下氏は「どうして私の家が分かったのか？」と切り出したので、私は「新聞記者ですから、いろいろツテをたどって調べるのです」と答えた。すると、山下氏は「新聞記者は自分だけが安全圏にいて取材するが、私は認めない。あんたも自宅の住所を私に教えなさい。納得できない記事が出れば、私はあなたの自宅へ抗議に行くかもしれない。それを受ける覚悟がないのなら、今から帰ってもらって構わない」といきなり言われた。私は迷ったが、「あなたを信用しましょう」と言ったうえで、自宅の住所を伝え、取材は始まった。

山下氏が「先の戦争で亡くなられた四〇〇万人の英霊をどう思うのか？」と尋ねる。私は「亡くなられた日本軍兵士に心から哀悼の意を表します。でも、それと同時にアジアの一〇〇〇万人の犠牲者にも思いをいたす。そのどちらが欠けてもいけないと私は思う」と返した。立場の違いはあるが、議論できそうな人物に思えた。途中、山梨県の護国神社の神職でもあった妻も加わった。彼女は「私は靖国神社の神職になりたかったが、それがかなわず、護国神社に来た。朝日新聞は護国神社と聞くと、夏のお祭りでさえ無視して取材しない。こんなに賑わっているのに」と写真を見せながら、不満をぶつけた。こんなやりとりを重ねながら、議論は深夜まで続き、襲撃事件への見方、犯人の心当たりなどについて質問を重ねた。

二〇〇〇年秋、山下氏は自宅から車で二〇分ほどの山の南向き斜面に「山下塾」と名付けた施設をつくった。「民族派の活動家を心身の両面で育て、鍛えたい」と二年前の取材時に語っていた「夢」を実現したのだという。同年一一月三日、私は後輩のK記者と一緒に「山下塾」を訪ねた。観光客で賑わう山梨県立フルーツパークにほど近く、甲府盆地を一望に見下ろせる立地。果物畑に囲まれた約一五〇〇平方メートルの敷地に、居間、洋室、和室、食堂などを備えた木造二階建ての建物が立ち、三二畳余りの広さの道場もある。道場には銃剣術に使う木製の銃剣が並んでいた。元自衛隊で銃剣術初段の山下氏は、この道場で簡単な模範演技をして見せた。

山下氏によると、この施設の建設費用は約四〇〇〇万円。神奈川県内に住む企業経営者の男性がほぼ全額を負担してくれたという。山下氏への信頼が篤く、前年の二月に東京・新宿で催された「紀元節」（建国記念の日）にこの経営者も出席。居酒屋での「直会《なおらい》」の際、山下氏が計画を打ち明けると、この経営者は「やりなさい」と励まし、出資を約束してくれたという。計画が順調に進み始めた頃、妻が「塾生が何か事件をやって、先生にご迷惑をおかけするといけません」と支援を断ろうとしたが、この経営者は「何を言うか。それでいい」と意に介さなかったという。計画については、大東塾の最高幹部に会って事前に説明した。この最高幹部は「それはええことや。講師を派遣しよう」と言ってくれたという。一〇月二八日に催した「開塾祭」には全国から右翼活動家ら約七〇人が出席したという。塾生募集のチラシには、「仁恕馥郁たる憂国の士を養成し、祖国再建の一翼を担はんとする鍛錬塾へ」とあった。

深夜の激論

私はこう尋ねた。「山下さんは以前、民族派のテロリストを養成する学校を作りたいとおっしゃっていた。この塾では何を教えるのか?」。山下氏は「そんな言い方はしていないはずだ。しかし、入塾要項を見てほしい。講義内容を列記しているが、その中で「国辱事件簿」を一番やりたいと考えている。この講義で取り上げるのは、朝日新聞だ。西宮の事件(阪神支局襲撃事件)も取り上げる」と答えた。「民族派のテロリストの養成」という表現を私が使ったのは、山下氏が以前の取材で「「ゴルゴ13」に思想を付与したような人物を育てる塾を開きたい。日本のためにならないのは、たとえば朝日新聞とか本多勝一とか筑紫哲也とか、その問題性を教える。塾生が何か事を起こしたら、逮捕される覚悟もある」と語っていたからである。

「事件のことをどう思うか」とあらためて問うと、「是だと思っている。殺された小尻さんはかわいそうだと思う。僕はやれない。やれということもできないが、事件については理解できる」と答えた。私は

「言論に対しては言論で反論すべきではないか。赤報隊のテロは認められない」と反論したが、山下氏は「そうおっしゃることもわかる。しかし、言論も暴力だ。なんで日本のことをこんなに悪く言われなくてはならないのか。私はあの戦争に何の問題もなかったとは思わない。日本人自身が(あの戦争は)おかしいと判断することはいいと思う。でも、何で中国や韓国に言われて直さなければいけないのか。朝日新聞は外国の言い分のままに書いている」と主張した。

「しかし、赤報隊が暴力に訴えても、朝日新聞の論調は変わらなかった」と私が言うと、「それは一回でやめたからだ。何度も何度もやり続けていたら、朝日新聞も変わっていたはずだ。(赤報隊は)本多勝一や筑紫哲也や久米宏を狙えばよかった」と主張。「山下さんは右翼の暴力を認めながら、山下塾では歴史教育をするという。問題解決の方法として矛盾するし、両立するのか?」と問うと、「志ある人たちに歴史を教え、その人たちが全国各地に散る。そうした少数の人たちで国を良くしていこうということだ。これは一〇年くらい前から考えていた構想だ。ようやく念願の塾ができて、死に場所ができたという思いだ」と答えた。さらに、以下のやり取りが続いた。

「少数の人で国を良くした事例が歴史上あるのか?」(樋田)

「日本では明治維新がある」(山下氏)

「もう一度聞くが、テロは認めるのか?」(樋田)

「国を良くしようと考えている人が、その過程でするものは許される。私利私欲を捨て、国家のためを思ってやるのだから、許されるのだ」(山下氏)

「ロシア革命でも、少数の指導者が国家のためにといって大勢の人間を粛清した。それとどう違うの

か？」（樋田）

「さっきも言ったが、我々は私欲を捨てて国のためにやる。そこには、優しさがあるのだ」（山下氏）

「ならば、優しい人がやるテロは許されるが、優しくない人がやるテロは許されないということか？」（樋田）

「そういうことだ」（山下氏）

「だから阪神支局事件も認められると」（樋田）

「樋田さんは何を言いたいのか？（激昂して）何度も言っているように、あれは僕はやっていない。やれと言うこともできない。何が聞きたいのか。隠し事なく言ってくれ」（山下氏）

「山下さんがやったとは言っていない。どうしてああいう事件が起きたのか。犯人に聞きたいと思っているだけだ」（樋田）

「それは、わかった」（山下氏）

「先ほどのようなことを、小尻さんの遺族の前で言えるのか？」（樋田）

「言えないかもしれない。だけど、あなた方は阪神支局事件のことばかり言うが、本多勝一が「中国の旅」（と題した連載記事）で「百人斬りをした」と批判した向井少尉。あの向井少尉の娘が月刊誌の『正論』で「父は無実」と投稿している。山本七平氏と本多勝一の論争でも、百人斬りの事実はないことがはっきりしている。なのに、朝日新聞は訂正記事を書かない。朝日新聞記者として、ああいう記事の責任はあるのではないか。そういう問題を横に置いておいて、阪神支局事件のことばかり言うのは卑怯だ」（山下氏）

私は、向井少尉の百人斬り論争について、「私も山本七平氏の主張が正しいと思う」と個人的意見を述べた上で、「マスコミは紙面に責任を負うべきだとの意見はもっともだ。しかし、それでも暴力は認められない」と反論し、言論とテロをめぐる堂々巡りの議論を明け方近くまで続けた。

山下氏は元自衛隊員で銃の扱いに手慣れている。阪神支局襲撃事件の直後に赤報隊を支持する記事を書き、事件当日のアリバイも不明確。警察も「犯人の可能性がある人物」と見ていた。このため、杯を酌み交わしながら、山下氏が事件に関わっているかどうかの「感触」を得ようとして、何度も「阪神支局襲撃事件への見方、評価、思い」を尋ねた。山下氏は気分を害した場面が何度かあったが、それでも問い続けた。

私たちが山下塾を訪ねた二か月後、兵庫県警捜査一課の刑事らが山下塾を訪ねている。山下氏も、一九九八年夏の警察庁主導の集中捜査の際、捜査対象の右翼活動家リストに入っており、約二年間の入念な準備を経ての事情聴取だった。しかし、結果的には満足できるものではなかったという。この刑事は、前述の矢部隆氏の事情聴取も担当していた。私が二〇一四年に矢部氏に会う際、この刑事に電話し、矢部氏の印象や事情聴取での感触などを問い合わせた。丁寧に対応してもらったが、その最後に、彼はこう付け加えていた。

「実を言うと、個人的には山下義一のことが今も気になる。樋田さんたちが山梨の山下塾の道場に行かれた後、我々も行ったのです。山下と一晩一緒に飲みながら、ポリグラフテスト（ウソ発見器）を受けるよう必死に説得した。当初、彼は強く拒んでいたが、最後に「一～二時間なら受けてもいい」と折れてくれた。これでいけると思った。ところが、翌朝、近くのホテルの部屋を確保し、いざ始める段になって、一悶着が起きた。ポリグラフを準備していた県警科学捜査研究所の担当官が「一～二時間で終わるわけがない。もっとかかる」と言い出して、山下は激怒した。そのまま山下は席を立って帰ってしまい、ポリグラフを受けさせることができないままになった。山下は阪神支局襲撃事件の発生当日、東京から大阪に来て梅田のホテルで食事している。大阪で泊まり、その後、北陸の父親の入院先の病院に行ったことになっているが、アリバイも詰めきれず、曖昧なままになっている。悔やんでも悔やみきれない」

もちろん、山下氏には市民として、ポリグラフテストを拒否する権利がある。兵庫県警は同テストの実施は見送り、「総合的判断でシロ」との結論を警察庁に報告している。

二〇一七年暮れ、私は東京で山下氏に再会した。「山下塾」は事情があって五年ほどで閉じたという。しかし、その後も山下氏の独自の歴史観などに基づき、若者たちへの教育活動を続けているという。

6　自ら電話をかけてきた男

不審電話

一九九七年一二月四日朝、朝日新聞神戸支局に中年の男性から電話がかかってきた。「小尻記者の奥さんは、どうしているのか。あることで、それを知りたい」。唐突に、やや興奮気味に、問いかけてきた。男は、襲撃事件の取材にかかわってきた記者の名前を挙げて呼び出そうとしたが、不在だったため、別の記者が応対した。

――どちらさまですか？

「ある組織のもんや」

――うちの記者とはお知り合いですか？

「知らんかったら、電話せえへん」

――お名前は？

「いや、悪いけど……」

話の趣旨から、大阪本社広報室の連絡先を教え、受話器を置いた。広報室は男に対し、「プライベートなことは教えられない」と答えていた。

間もなく、男は再び神戸支局に電話をかけてきた。同じ記者が応じたが、男は同じ問いを繰り返した。

「確実なことでないと、交換条件は出せん」という。

「交換条件」の真意は不明だったが、男はこう続けた。

「朝日には何の貸し借りもあらへん。でも、奥さんは気の毒に思う。親をやられた子どももかわいそう……」

この後、男はもう一度かけると告げて、電話を切った。

三度目の電話では、男の声が甲高く、早口になった。

「急用があるんで結論だけ言う。銃だけ教えたる」

男はこう言うと、関東地方に実在する銃メーカー「ＳＫＢ社」の名前を挙げた。

線条痕が弾丸に残る拳銃とは異なり、現場に遺留された散弾の薬莢などから銃を特定することは不可能だとされている。もし男の言うことが真実ならば、犯人しか知り得ない事実を明かしたことになる。電話の男はさらに続けた。「ほとんどの二連(二連式散弾銃)は、腰だめで発射すると二発目は発射しない。それを防ぐためにSKB社製の銃を選択したんや」。銃口が一つしかない自動銃を選ばなかったのは、散弾の薬莢に線条痕が残って犯行に使った銃が特定されるのを避けるためだった、とも付け加えた。さらに、こう言った。「銃は、処分してもうたけどな」。約五分間の会話の最後に記者が犯人を知っているのか問うと、「いやあ、どうでもええやないか」と言い、「もう二度と電話せん」と告げた。

この最後の電話については、録音し、そのテープを兵庫県警に提供した。一連の電話には脅迫の内容が含まれていたため、朝日新聞社は被害者として捜査当局に調べを委ねることにしたのだ。もちろん、電話の主が阪神支局を襲った犯人である可能性についても考慮した。

約一年後、この電話の主が兵庫県警などの捜査によってほぼ特定された。

結論を先に書くと、関西地方の東部の山間部に住む松島由政氏だった。松島氏の名前が浮かんだのは、愛知県警、滋賀県警、兵庫県警の三つのルートからだったという。最初に松島氏の情報を掴んだのは愛知県警だった。一九八七年九月二四日の朝日新聞名古屋本社新出来寮(単身者寮)襲撃事件のしばらく後、「滋賀県内の銃砲店に出入りする男が、赤報隊事件について話している」との情報だった。江戸時代から続き、伝統的な火縄銃も製造する老舗で、同県警はこの店の経営者の妻から事情聴取したところ、松島氏がこの妻に対し、「赤報隊の事件は今後、東へ動く」「滋賀県で(当時)起きた猟銃盗難事件は赤報隊と無関係」などと話していたことが分かった。松島氏が話したのは名古屋本社寮襲撃事件が起きる前のことだったといい、さらに半年後に朝日新聞静岡支局爆破未遂事件が起きたことから、結果的に、この「予言」は当たっていた。しかし、当時、警察庁が全国の府県警に出した指示を受け、滋賀県警が周辺の活動的右翼からアリバイを聴取した際、松島氏が「阪神支局事件当時は岐阜県岐阜羽島市の寿司店にいた」などと供述していたことが分かり、愛知県警はアリバイ成立とみて、捜査を打ち切っていた。

一九八八年三月一一日の静岡支局爆破未遂事件の約二か月後、滋賀県警は松島氏を軽犯罪法違反で逮捕した。同年三月二四日に松島氏が「光華寮・教科書・靖国参拝」と書いたステッカーを朝日新聞と京都新聞の各施設の玄関に貼り付けたというのが容疑内容だった。「光華寮」というのは、京都市内にあった中国人留学生向けの寮のことだ。当時、その所有権をめぐり中華人民共和国政府と台湾政府が激しく争っており、関西の右翼陣営は「中共の横暴」と攻撃していた。ステッカーには、手書きで「義勇軍関西ブロック」の文字があり、その筆跡鑑定によって松島氏のかかわりが分かった。滋賀県警は逮捕時に松島氏の自宅を家宅捜索。その結果、赤報隊の事件を詠んだとみられる松島氏の自作の短歌の書き込みがいくつも見つかった。

赤報隊への熱い思い入れ

極刑の　待ち受けたるを知りつつも　尚も征かん　草莽の士は
確信の　赤報隊を支えたる　地下義勇軍　行方も知れず
権力の　網をくぐりてそこそこ(原文ママ)に　神出鬼没　赤報隊は

吾のが身を　玉と砕かむ決意もて　赤報隊は　甦りたり

どの歌からも、松島氏の赤報隊への思い入れが伝わってくる。阪神支局事件の際に行っていたという羽島市の寿司店宛てに書いたとみられる「この面を　君がおぼえてくれたから　五月三日はアリバイ記念日」という歌まであった。当時、松島氏は滋賀県警の調べに対し、「ステッカーには赤報隊とも書きたかったが、関係を疑われるのでやめた」とも供述していたという。これ以降、滋賀県警は松島氏と接触を続けたが、赤報隊による各事件の発生日について「仕事をしていた」「家族と出かけていた」などのアリバイを主張。十分な裏付けは取れず、灰色のまま「棚上げ状態」が続いていた。

一方、兵庫県警は独自捜査で、「京都産業大学にかつてあった右翼系サークル「神奈備会《かんなびかい》」に過激な行動をする学生がいた」との情報を得て、同会の幹部メンバーで、散弾銃を所持していた松島氏の存在をつかんだ。神奈備会は京都産業大学が開学し二年後の一九六七年、学内の保守派の教授や学生らが作った右派系サークルの連合体で、七〇年一一月の三島由紀夫自決事件をきっかけに松島氏が作った三島由紀夫研究会も神奈備会に加わった。当時、神奈備会メンバーらはヘルメット姿で全共闘のデモに突入。自衛隊に体験入隊しての集団訓練や大東塾での合宿、朝日新聞京都支局へのデモなどを重ねていたという。松島氏は大東塾の代表だった影山正治氏(故人。一九七九年五月に元号法制化を訴えて散弾銃で自決)に心酔しており、「影山先生が関西入りした時には、ボディガード役をしていた」と話していた。兵庫県警は、松島氏が同じ大東塾に在籍経験のある山下義一氏との交流が深いことにも強い関心を寄せ、警察庁や関係府県警との合同捜査会議で、愛知県警からの情報も得ながら捜査を続けていた。

一九九〇年三月、報道機関や右翼宛てに「赤報隊の実像」と題した怪文書が届いた。「僕も漢詩と和歌の趣味がありますので、本流正統民族派にも関係している以上、捜査人に協力する気は毛頭ございません」「僕の父は鈴鹿山中へ猟銃を担いで猪を撃ちにいきます」など松島氏を連想させる記述があった。さらに九〇年五月、この怪文書の全文が東京の右翼団体「一水会」の機関紙「レコンキスタ」に掲載され、翌六月号に「四井雪之丞」の名で書かれた以下の文面の投書が載った。「怪文書を一読し、ピンと来ました。それはこの文章は、赤報隊またはそれに非常に近い人物から出ているということです」「この文の作者にはモデルらしき人物がおります。彼は短歌と関わりを持つD塾(大東塾)の関係者で射撃、狩猟を趣味とする人間です」「これ以上赤報隊がやると、いつかはボロを出します。そろそろ潮時です。名を残し姿を消しては如何ですか」。実際の赤報隊は九〇年五月に愛知韓国人会館放火事件を起こしたのを最後に動きを止めた。また、大東塾と深い関係にある「不二歌道会」という短歌の会に松島氏も加入していた。

松島氏は、警察庁が作成した「九人のリスト」には入っていなかった。しかし、一九九八年九月に警察庁で朝日新聞襲撃事件の合同捜査会議が開かれた際、兵庫県警は「勝負したい筋がある」と訴え、松島氏に対する集中捜査にゴーサインが出た。

朝日新聞社から提供を受けた不審電話の録音テープについても、銃など会話の内容から松島氏の可能性があるとみて、日頃から松島氏に接触している滋賀県警の担当刑事に聞いてもらい、「声の主は松島にほぼ間違いない」との結論を得ていた。当時、テープを聞いた兵庫県警の捜査員の一人は「これは本物かもしれない。犯人ならば、小尻記者やその遺族が今も夢まくらに立ち、うなされているかもしれないと考えると、電話の内容は納得がいく」と話していた。

一九九九年二月五日夕、私は同僚のJ記者とともに、松島氏の自宅近くの喫茶店で同氏と会った。松島氏は開口一番、「小尻さんの奥さんはどうしとるの？」と尋ねた。その内容と口調から、私たちは、神戸支局への電話の主が松島氏だったと確信した。約二時間に及んだ取材では、以下のような「不審」な言動があった。

「私は誰から見ても、グレーだ。黒い色に白い色が落ちたのか、白い色に黒い色が落ちたのか。それはノーコメントだ。知らないことは言えないし、知っていても言わない」

「赤報隊は命をかけて行動していた。ヒット・エンド・ランで何度も事件を繰り返す方法を取った。「命をかけるのは一度きり」とおっしゃっていた三島由紀夫先生が生きておられたら、赤報隊を異端と見るかもしれないが、体を張らない人間が外から言うことはできない」

（こちらから持参した一連の事件で目撃された不審者の似顔絵を見て）

「どれも私に似とる。特に若い頃のわしに似ている。この目は、わしのモンタージュやないのか」

松島氏に取材した一〇日ほど後、松島氏から朝日新聞社に電話があり、私を指名してきた。受話器を取ると、いきなり「お前は警察の犬か。俺を警察に売ったな。わざわざ会ってやったのに、その録音テープを警察に渡したな。許さないからな」と詰問してきた。私は「そんなことは絶対にしていない。信用してほしい」と話したが、松島氏は聞く耳を持たず、「いいか。絶対に仕返しをするからな。これからは月夜ばかりと思うなよ(闇夜もあるぞ、の意?)」と襲撃をほのめかして、一方的に切れた。

私たちは、そもそも松島氏に会った際に録音などしていなかった。ただ、松島氏自身が三度にわたって神戸支局に電話してきた内容の一部については、朝日新聞社は脅迫の被害者の立場で録音テープを兵庫県警に提供していた。このテープが滋賀県警に回され、電話の主が松島氏であることの確認がなされたことは事実だった。

私は兵庫県警捜査一課の旧知の刑事にすぐ電話し、松島氏からの電話の内容を伝えた。この刑事は経緯を調べたうえ、以下のように説明してくれた。

「だから、公安警察は信用できない。滋賀県警の公安課の刑事も、自分が担当する右翼活動家と日常的に接触し、ギブ・アンド・テイクの関係にあるようだ。それで、朝日新聞から松島の声を録音したテープが回ってきたことを、松島本人に教えたようだ。県をまたぐ捜査になると、情報漏れを防ぐことが難しくなる。滋賀県警には情報管理を徹底するよう要請しているが、こんなことが起きてしまった。申し訳ないとしか言いようがない」

私も「了解した」としか答えようがなかった。

兵庫県警による松島氏への事情聴取は、私たちが松島氏に会ってから一〇か月後の九九年一二月一三日に実施された。松島氏はポリグラフテスト(ウソ発見器)による検査にも応じ、一連の襲撃事件に関わっていた可能性は「ゼロ」との結論になった。それでは、なぜ、松島氏がここまで思わせぶりな行動や発言を重ねてきたのか？　捜査員の問いに対し、松島氏は「私は赤報隊の思想と行動を全面的に支持している。私が赤報隊であるかのように振る舞うことで、つまり囮《おとり》になって捜査の目を私に引きつければ、赤報隊がその分だけ逃げのびる可能性が高まると思った」と答えたという。

実は、兵庫県警の一九九八年秋からの集中捜査で、松島氏が一連の事件に関わっていた可能性は必ずしも高くはない、との見方が出ていた。その根拠となったのは、周辺捜査によって事件当時、松島氏がワープロを打てなかったことが分かったからだという。当時松島氏が勤めていた職場で、パソコン導入から逃げ回り、それが退職の一因となっていた。「自分にはできない」という上司への訴えは演技とは思われなかった。兵庫県警はそう判断した。さらに、一連の事件のうち八八年三月の朝日新聞静岡支局爆破未遂事件については、当時の同僚の話やメモからアリバイが完全に成立していた。また、松島氏は周囲の者に対して、「朝日新聞の事件は知り合いの同志の部下がやった」「自分は見届け役をした」「赤報隊から電話がかかってきた」など、犯人が近くにいるようなことは話しているが、自身が赤報隊だとまでは言っておらず、朝日新聞神戸支局への電話で「銃は処分してもうた」と言っているのが、唯一、自分が犯行に直接かかわっていることを匂わせたものだった。こうした事情があり、「赤報隊を逃すために、自分が盾となろうと思った」という松島氏の「釈明」が腑に落ちたのだという。

機関誌『不二』

松島氏もメンバーだった右翼団体「大東塾」。その「大東塾」の機関誌『不二』には、「赤報隊」に心酔し、共感する、読者投稿の和歌がいくつも収録されている。たとえば、阪神支局事件から一か月後の『不二』六月号には「満身の　怒りを込めて　国賊を　撃たんとわれは　ワープロを打つ」という歌があった。この歌を投稿したのは関東地方在住の男性とみられ、警視庁による事情聴取を受けている。同じ六月号には、歴史小説家杉田幸三氏（故人）が執筆した幕末の赤報隊についての論文も掲載されている。国学者列伝の一環で、赤報隊の隊長だった相楽総三の生い立ちや戦いぶりを描いている。『不二』の翌七月号では、当時の大東塾代表の鈴木正男氏（故人）がやはり幕末の赤報隊について書いている。杉田氏は「私の原稿の締め切りは四月だった。たまたま相楽総三について書いたら、赤報隊の事件が起きて、びっくりした。本当に偶然だ」と話すのみだ。大東塾は当時、朝日新聞記者の取材は拒否しており、同塾の内部についてはほとんど取材できていない。第二次世界大戦の直後、一九四五年八月には、同塾の一四人のメンバーが「敗戦」を天皇に詫びるため割腹自決しており、東京・青梅市の大東農場の片隅には、一四烈士を祀る祠もある。私はＪＲ青梅駅からタクシーで一〇分ほどの大東農場を訪ね、その規模の大きさに圧倒されたことがある。大東塾からは新旧の右翼団体の多くの活動家たちが巣立っており、兵庫県警などの捜査当局も大東塾の動向に最後まで関心を持ち続けた。

総合的に判断してシロ

警察庁が主導して作成された「九人のリスト」の最後の一人は、京都に住む新右翼活動家（69）で、右翼・民族派から国政を目指し、「維新政党・新風」という名の政治団体を率いる人物だった。私は、赤報隊事件や右翼人脈をめぐる情報収集のため、何度も会っており、その温厚で誠実な人柄などから「リスト入り」がにわかに信じられなかった。「戦後体制の打破」を選挙によって実現しようとしており、赤報隊の非合法活動とは相容れないように思えた。もちろん、事件との関わりについて本人や周辺で取材し、捜査当局が出した「総合的に判断してシロ」との結論に納得している。

この三〇年間、私は「リスト入り」した人物以外にも多数の右翼活動家らに会い、事件との関わりの有無などについて取材を重ねた。主だった取材対象者について、その所在地を東から順に挙げれば、宮城、福島、茨城、千葉、東京、神奈川、山梨、愛知、岐阜、三重、滋賀、京都、和歌山、大阪、兵庫、岡山、鳥取、島根、広島、香川、愛媛、福岡、長崎などの各都府県に及ぶ。とりわけ関東、東海、関西地区の都市部には取材の必要な右翼活動家らが多く、朝日新聞襲撃グループと同様に「赤報隊」と名乗っていた右翼団体、銃の所持者、犯行で使用されたものと同型のワープロの所持者、さらには爆発物製造の経験者らも含まれていた。右翼陣営の内側の口コミ情報などを手がかりに、周辺の人物への取材から始め、本人に直当たりしていく。取材時のやり取りや、過去に蓄積されたデータと突き合わせながら、さらに取材が必要かどうかを決めていった。取材中に、「事件とは無関係」と明らかに分かるケースもあったが、判断の難しいケースも多かった。

第4章 日本社会の右翼

六つのグループ

私は朝日新聞襲撃事件の取材のため、この三〇年間に全国各地で約三〇〇人の右翼活動家らに会ってきた。その取材を通して、一言で右翼と言っても、様々な思想・政治的背景、行動形態、活動分野があることが分かった。そして、私たちが追いかけている「赤報隊」は、右翼世界のどの辺りに位置しているのか。日本の右翼の世界を図式化することで、「赤報隊」に迫る道筋を探ることができるのではないかと考えてきた。第3章で取り上げた、また次章で取り上げる右翼や宗教組織も、この図式化した構図の中に位置づけることができると思う。

一般的には過激な愛国者団体(ウルトラ・ナショナリスト・グループ)と定義できる日本の右翼だが、「伝統右翼」「新右翼」「任俠右翼」「論壇右翼」「宗教右翼」「草の根右翼(ネット右翼)」の六グループへの分類が可能である。

まず、「伝統右翼」は、第二次世界大戦の前に存在した右翼団体と人的、思想的に繋がっている団体と考えることができる。その多くは親米・反共で、六〇年安保の際に若いメンバーが浅沼・社会党委員長刺殺事件を起こした大日本愛国党(赤尾敏代表。故人)などが、その典型例だ。やはり伝統右翼の大東塾は、敗戦直後の一九四五年八月二五日に一四人の構成員が日本の「敗戦」の責任を受け止め、東京・代々木ケ原で集団自決している。今も東京・青梅に広大な大東農場を所有し、その一角に自決した「一四烈士」を祀った祠がある。一九六〇年代〜八〇年代には、元号法制化、宮中行事である大嘗祭の費用の国庫支出などを求めて活発に活動し、竹下、中曽根政権下の新聞の「首相動静欄」には時折、「大東塾塾頭が首相に面会」といった記載があった。大東塾はまた、「不二歌道会」という伝統を重んじる和歌の勉強会も主宰しており、その機関誌には「赤報隊」に関する歌や論文が掲載されていた。ただし、大東塾も代表の代替わりを重ねる中で、政治性は薄まっているとみられている。

　私がしばしば会っていた故・中村武彦氏も戦前からの右翼活動家で、一九三三年七月には右翼クーデターを目指して未遂に終わった「神兵隊事件」などに連座し、戦時中から終戦まで懲役刑に服していた。戦後は、直毘塾という団体の代表を名乗り、様々な右翼団体や宗教系団体の指南役を務めていた。

　「新右翼」は一九七〇年一一月の作家三島由紀夫の割腹自決の衝撃の中で誕生した。三島由紀夫が、自身の結成した「楯の会」に向けて書き残した「(三島とともに自刃した)森田(必勝)の精神を後世に向かって恢弘《かいこう》せよ」という「命令書」に触発され、決起に参加できず生き残った楯の会会員らが中心となって「一水会」という勉強会をつくったのが最初だ。その後、全国各地に様々な新右翼団体ができた。反共とともに反米を強調し、七〇年代にはヘルメットをかぶり、竹竿を手にしたデモ、アメリカやソ連の外交施設への火炎瓶投擲事件など、新左翼的な直接行動をとっていた。伝統右翼は、事件を起こした後、「正々堂々」

と捕まる、あるいは自決して責任を取るという「美学」を主張するが、新右翼は犯行後の「逃走」を当然のこととしていた。代表的なイデオローグは元一水会代表の鈴木邦男氏だが、鈴木氏は最近、右翼のテロを否定していることなどから、他の右翼団体などからは「彼はもはや右翼とは言えない」と批判する声もある。

「任侠右翼」は、山口組系、住吉会系などの暴力団の別動グループ、あるいは暴力団と密接なつながりのある右翼団体を指す。警察は、「右翼標榜暴力団」という名称をつけて分類しており、右翼を自称している暴力団の位置付けだ。街頭で大音響のスピーカーで街宣行動を繰り返す右翼の多くは任侠右翼と言ってもかまわないほどだ。彼らは「行動右翼」と自称することもある。

「論壇右翼」は、『正論』『諸君！』などの保守派の雑誌などで言論活動を続ける大学教授や評論家、あるいは日本会議など保守派の団体に所属する政治家などを含める。右翼団体の勉強会などに招かれると、雑誌やテレビなどで主張する内容よりもはるかに過激な発言をする人物もおり、私はあえて「論壇右翼」の名を冠した。「学者右翼」「議員右翼」と呼ぶことができるかもしれない。

「宗教右翼」は、宗教・信仰を背景に持つ政治団体を指す。神道に近い新興宗教「生長の家」は、かつては多数の右翼活動家を生んだが、代替わりして最近は政治との関わりが薄くなったとされる。韓国でキリスト教の影響を受けて誕生したα教会は、系列のα連合という政治団体を結成している。「キリストの幕屋」という無教会派のキリスト教団体も強い反共思想を持ち、教理の中に「国家思想の振起」を掲げる。かつて、朝日新聞社を取り囲むデモの隊列の中に、「キリストの幕屋」の親子連れなどが加わっている場面に出会ったことも度々ある。

最後の「草の根右翼」は、特定の団体に属さないまま、右翼的な思想などによって草の根的に行動する若者たちである。インターネット上で韓国・朝鮮人や中国人、在日の人たちに悪口雑言を浴びせたり、いわゆるヘイトデモなどへの参加を呼びかけたりするので、「ネット右翼(ネトウヨ)」とも呼ばれる。普段は市井の生活を送り、何かを機に行動するという意味で、「潜在右翼」と呼ぶことも可能だ。近年、ネット右翼は非常に身近な存在になっており、日本全国には数十万人の単位で存在しているのではないか、と私は思う。

こうして六つに分類することができる右翼だが、個別ばらばらに存在している訳ではない。あえて図示すると、互いの境界線は曖昧で、重なり合いながら存在している。たとえば、代表的な新右翼活動家として知られた野村秋介氏は元暴力団組員で、山口組系の後藤組(後藤忠政組長、現在は解散し、後藤氏は僧籍に)と深いつながりがあった。朱光会の阿形会長のように、任侠右翼に分類される団体の活動家の中にも新右翼や伝統右翼の活動家と交流し、行動を共にしているケースがあるし、故・中村武彦氏のように新右翼に理解と共感を寄せる伝統右翼もいた。私たちが追いかけている「赤報隊」は、新右翼の輪の中にいると思われる。しかし、新右翼を装いながら別のグループ、たとえば宗教右翼に近い位置で〝生息〟しているかもしれない。

二つの座標軸

日本の右翼を、合法性・公開主義⟷非合法性・秘密主義、国際派⟷国粋派(天皇信奉)という二つの

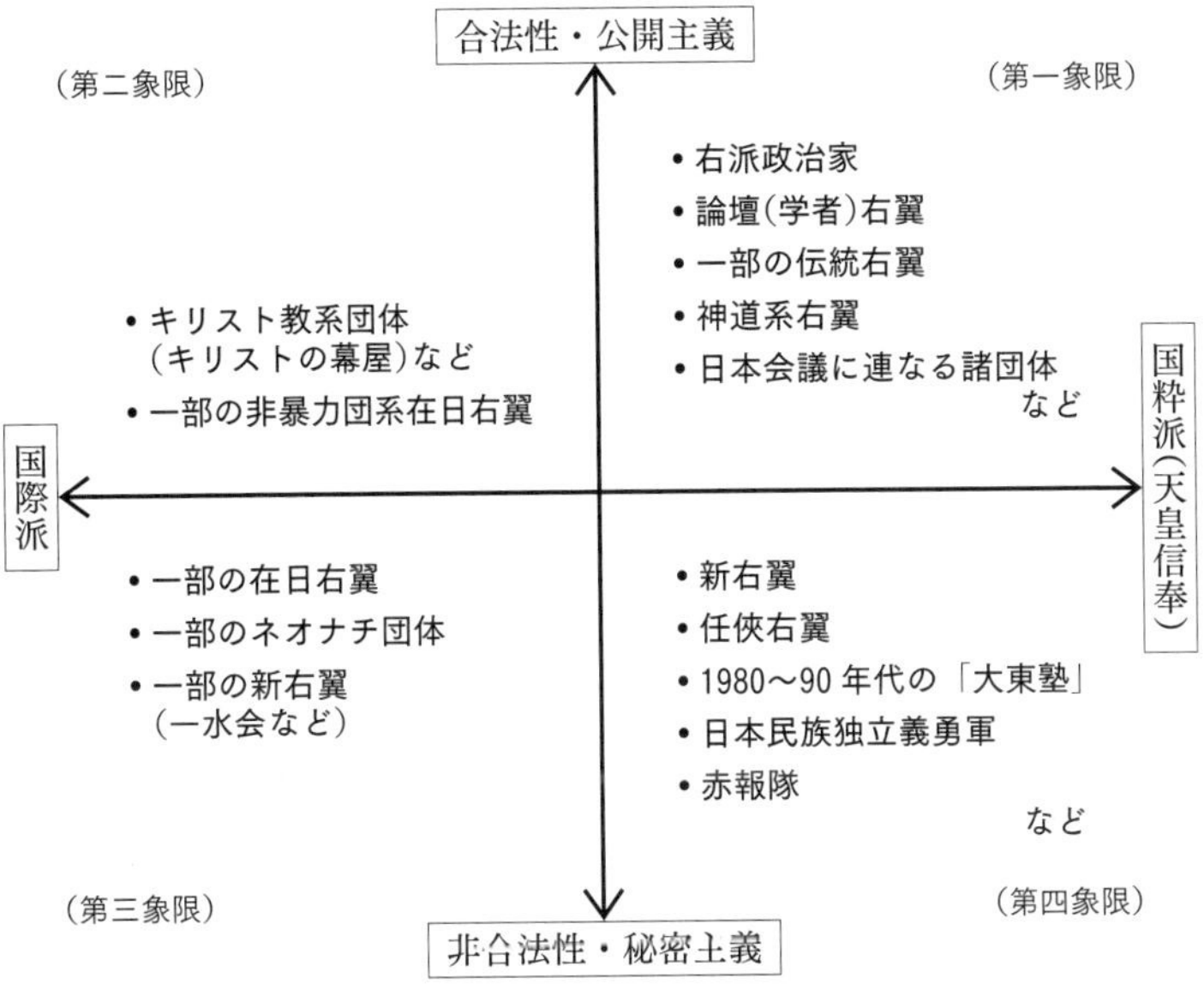

日本の右翼の構図

座標軸によって、四つの象限の中に当てはめ、分類することもできる。

右上の第一象限は「合法性・公開主義」「国粋派」でくくられ、右派政治家、論壇(学者)右翼や、警察との関係が良好な(非合法活動をしない)伝統右翼、神社とのつながりが深い神道系右翼、そして日本会議や同会議に連なる様々なグループを、この範疇に入れることができると思う。左上の第二象限は「合法性・公開主義」「国際派」でくくられ、「日本精神の振起」を唱える「キリストの幕屋」などキリスト教系団体が該当する。非暴力団系の在日右翼も、この範疇に入れることができると思う。

左下の第三象限は「非合法性・秘密主義」「国際派」でくくられ、α教会系の政治団体やネオナチ団体が該当する。西日本に多い、在日韓国人系の右翼団体(在日右翼)も、任俠系の団体については実態が暴力団であり、第三象限に該当する。新右翼団体の中でも、一水会・統一戦線義勇軍のグループについては近年、フランスの国民戦線、ロシアの自民党など欧州各国のナショナリズム団体との連携を強めており、第三象限への分類も可能だ。最後に、右下の第四象限は「非合法性・秘密主義」「国粋派」でくくられ、八〇年代に外交施設への火炎瓶投擲事件などを重ねた新右翼、任俠右翼（右翼標榜暴力団）などが該当する。伝統右翼の大東塾は、私たちが取材した八〇〜九〇年代には新右翼の活動家への大きな影響力を持ち、朝日新聞の取材を拒否するだけでなく組織の秘密性も高かった。このため、少なくとも当時の大東塾は第四象限に位置付けられると思う。

一連の朝日新聞社襲撃事件を起こした「赤報隊」は、犯行内容や犯行声明文の文面などから「非合法性・秘密主義」「国粋派」の第四象限への分類が可能であり、「赤報隊」事件に先立ち、八一年から八三年にかけて全国各地でゲリラ事件を起こした「日本民族独立義勇軍」についても、同様である。とはいえ、捜査や世間の目をそらすため、自らの思想や政治的立場をカモフラージュしている可能性も考え、私たちは「非合法性・秘密主義」でくくられる第三、第四象限にある政治団体、宗教団体を広く取材対象としてきたのである。

右翼のテーマ

右翼団体、右翼活動家が掲げる政治・運動テーマは多岐にわたる。箇条書きすると以下の一〇テーマにまとめることができそうだ。

① 反共主義　右翼の金看板だが、八九〜九〇年に東西の冷戦体制が崩壊し、ソ連や東欧などの社会主義陣営がほぼ消滅。攻撃の矛先は中華人民共和国、北朝鮮に向けられる。「日本精神」の鼓舞も、反共主義の延長線上にある。

② 戦後体制の否定・戦前への回帰　戦後体制を全否定し、押し付け憲法の廃棄、天皇中心の戦前社会の復活、自主憲法制定、大日本帝国憲法復活などを主張する。

③ 反米主義　特に新右翼が主張。ＹＰ体制（ヤルタ協定・ポツダム宣言に基づく戦後の世界体制）打破をスローガンにする。既成右翼や伝統右翼は親米派が多い。

④ 靖国神社の国家護持・首相の公式参拝　八月一五日の「終戦記念日」に多数の右翼団体が靖国神社に参拝する。

⑤ 教科書問題　「南京虐殺」事件の取り扱いなど。最近は「従軍慰安婦」問題が中心。

⑥ 日教組攻撃　各地で開催される日教組大会、教研集会に対する妨害行動。

⑦ 領土問題　北方領土（対ロシア）、尖閣諸島（対中国）、竹島（対韓国）。かつては右翼の専売特許のようなテーマだったが、最近は国民が広く関心を寄せる。

⑧ 皇室護持　昭和から平成への御代替わりに際し、全国から右翼が上京し、「天皇陛下を我らがお守りする」と首都周辺で野営。右翼の「存在証明」とも言えるテーマ。

⑨ 北朝鮮による拉致問題　右翼団体の一部は「この問題をいち早く取り上げた」と自賛している。

⑩ アジア主義　戦前は中国の革命派を支援。戦後も一部の右翼は中国の民主派や東南アジア各国の

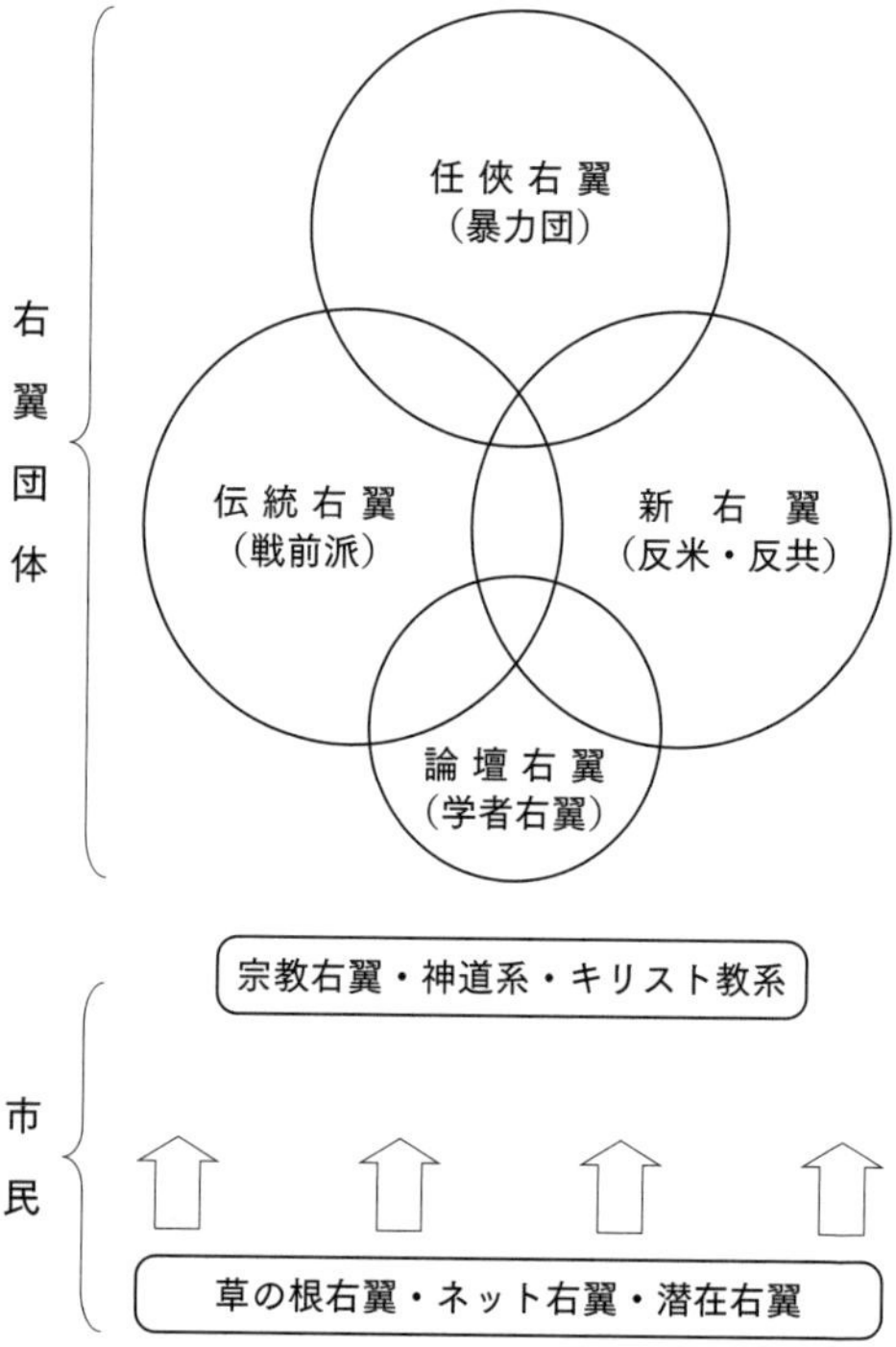

日本の右翼

民族運動を支援。

もちろん、右翼運動も時流に敏感であり、バブルの頃には大企業による地上げ批判（地上げには多くの場合、暴力団も関与していたが）、東日本大震災の後は少数ながら「原発ノー」を主張する右翼も現れた。環境問題や基地問題をテーマに掲げる右翼もいる。昨今の「ネット右翼」は在日韓国・朝鮮人へのヘイトスピーチや嫌韓の主張が目立つ。

私が取材してきた右翼活動家の多くは「ネット右翼は、自分自身は匿名の安全圏にいて相手を一方的に罵倒している。卑怯なやり方で右翼の仲間とは考えていない」と話しているが、新右翼活動家からネット右翼への転身者がいる一方で、ネット右翼を応援し、理論的指導者を自称している右翼活動家もいる。

さて、一〇テーマにまとめた右翼の活動テーマのうち、①〜⑤については一連の朝日新聞社襲撃事件を起こした「赤報隊」も犯行声明文や脅迫状の文面で触れている。具体的には「占領軍政いらい　日本人が日本の文化伝統を破壊するという悪しき風潮が　世の隅隅にまでいきわたっている」（一九八七年一月二四日、東京本社銃撃の際の犯行声明文）、「反日分子には極刑あるのみである」（八七年五月三日、阪神支局襲撃の際の犯行声明文）、「反日朝日は　五十年前にかえれ」（八七年九月二四日、名古屋本社寮銃撃事件の際の犯行声明文）、「わが隊は日本民族をうらぎる者をゆるさない」（八八年三月一一日、静岡支局爆破未遂事件の際の犯行声明文）、「貴殿は総理であったとき靖国参拝や教科書問題で日本民族を裏切った」（八八年三月一一日、中曽根元首相宛て脅迫状）などと書き連ねている。

一方で、赤報隊の犯行声明文は⑥〜⑩のテーマについてはほとんど触れていない。とりわけ⑧の「皇室護持」について触れていないのは、右翼の存在証明とも言えるテーマだけにどうしても気になる。愛知韓国人会館への放火事件（九〇年五月）の犯行声明文は「わが隊は　反日韓国を　中京方面で処罰した。韓国はいままで　日本にいやがらせを続けてきた」などとして、ネット右翼の先駆けのような嫌韓の主張を述べている。赤報隊の犯行声明文は、右翼的な信条から書かれたものなのか、それとも右翼を装って書かれたものなのか。やはり判断が難しいところだ。

平行線の議論

右翼活動家に取材する際に、最も神経を使うのは、取材相手の思想・信条に迎合することなく、信頼関係を築くことだった。彼らはごく一部を除いて、テロを肯定している。「右翼のテロは「天誅」であり、相手の気持ちも推し量った上で天下国家のため、やむなく命を奪う、涙のあるテロ。左翼の無慈悲なテロとはまったく異なる」「右翼に発言の場が認められていない中で、テロは主張を伝えるための肉体言語である」「体制変革・革命には暴力は必要だ」などの主張だ。これに対し、私たちは「意見の違いを暴力で解決などできない」「どんな理由であれ、どんな状況であれ、テロは絶対に認められない」「テロを認めては、赤報隊に殺された小尻記者が浮かばれない」と反論し、議論は必ず平行線となった。

戦後体制、戦前体制への評価をめぐる問題についても、できるだけ逃げないで真正面から議論した。相手の主張にもじっくり耳を傾けたうえで、譲れない一線を決め、踏みとどまるようにしてきた。街宣車上の大音量の拡声器からの演説とは異なり、一対一で話すと理も情もある、話が通じる右翼活動家も多かった。特に戦前から民族派の運動を続けてきた中村武彦氏には取材の上で随分助けられた。九〇年四月に「右翼　現場からの報告」と題した一二回の連載記事を書いた際、ビル建設の騒音に難癖をつけて補償金を要求した右翼のことを取り上げたことがある。記事に抗議してきた右翼に対し、右翼陣営の中で大御所的な存在である中村氏が「書かれるようなことをしたのが問題だ」とたしなめると、抗議は沙汰止みになった。連載の最後に大物右翼三人を招いて催した「平成の右翼を展望する」と名付けた座談会にも、「良識派の右翼」として出席していただいた。この座談会で、中村氏は以下の持論を述べた。

「われわれの側に力がない。国民からの信頼を得ていない。朝日が取材したような実態(金集めの右翼)、われわれも知らなかったような実態が現存する。戦前にはこんなばかなことはなかった。(中略)街宣車は国民を味方にするためではなくて、往々にして逆に遠ざけるためにやっている、左翼の別働隊じゃないかと皮肉られるほどだ。右翼というからには、本当の右翼というのはなんであるかをまじめに勉強してもらいたい。運動方法にしても活動資金の集め方にしても、まじめな活動、まじめな運動資金の集め方をしている者と、そうでない者とがいる。本当にまじめな右翼は非常にやりにくくなっている」

取材相手との信頼関係をつくらなければ情報は得られない。事件発生の当初は「仲間が殺された無念をはらしたい。この私の思いに右も左もない。協力してほしい」と率直に気持ちをぶつけ、何人かの右翼と親しくなることができた。その人物から仲間を紹介してもらい、少しずつ右翼の世界の人脈を広げていった。東京の新右翼団体・統一戦線義勇軍の若者と親しくなるため、一緒に六本木のディスコへ行き、朝まで踊ったことがある。やはり東京の新右翼団体幹部の結婚式や近親者の葬儀にも出席した。大阪の新右翼活動家とは、家族ぐるみの付き合いを続けている。岐阜県高山市で地元の金融機関に対して威嚇街宣を行っていた右翼に取材するため、同市内で停車中の街宣車に乗り込んだこともある。岐阜の新右翼とは居酒屋で杯を重ねるうち、「あんたが気に入った。キスをしよう」と突然言われ、キスを迫られたこともある。いや、正直に話そう。私は腹をくくって、そのキスを受けた。どんなことをしても事件を解決したい。そう思い定めて三〇年間、取材を続けてきた。

第三部

取材の核心部分Ⅱ

第5章　ある新興宗教の影

α教会を取材せよ

朝日新聞阪神支局襲撃事件が起きた数日後、同支局四階の会議室で今後の取材をめぐる最初の検討会議が開かれた（事件直後の混乱の中で、開催日について正確な記録はない）。大阪本社編集局の事件取材チームのほか、東京から警察庁担当のL記者、警視庁担当のMキャップら、遊軍、右翼問題や宗教問題に詳しい編集委員ら計約三〇人が一堂に会した。赤報隊からの犯行声明文が通信社宛てに送りつけられていたが、会議の時点では、それが本当に犯人からのものかどうか、見極めができていなかった。

出席者の全員が発言し、今後の取材課題、取材の方向について意見を出し合った。前年まで『朝日ジャーナル』にいたC記者は、右翼団体とともに、キリスト教系の新興宗教団体のα教会、その関連政治団体のα連合について説明し、いずれの取材も必要であると主張した。新左翼や宗教、同和問題について著書が多く、α教会についても詳しいN編集委員が、両手で作ったほお杖に大きな顔を乗せ、自身で頷きながら、「α教会とα連合。どう見ても、この辺りの取材に全力を注ぐべきだ」と述べた。取材経験の豊富な

N編集委員の発言には説得力があり、末席に連なった私を含め、出席者の全員がこの宗教・政治団体に対する認識を新たにした。

C記者とN編集委員が「α教会とα連合を取材すべきだ」と強く主張した根拠はいくつもあった。

α教会については、いわゆる霊感商法の問題があった。先祖の怨念・祟りを浄化するために効果があると称して、壺や念珠、多宝塔などを法外な値で売る。当時、α教会の信者らが全国各地でこうした商法を展開しており、朝日新聞と朝日新聞社が発行していた週刊誌『朝日ジャーナル』(現在は休刊中)が、被害者救済に取り組む弁護士グループなどと連携し、「詐欺的商法」として糾弾キャンペーンを続けていた。

阪神支局襲撃事件から三日後の一九八七年五月六日午前、朝日新聞東京本社に「αきょうかいの　わるくちをいうやつは　みなごろしだ」と書かれた脅迫状が届いた。ワープロ打ちされた「赤報隊」からの犯行声明文とは異なり、ルーズリーフの紙に赤いハンコのような文字を押して作成されていた。脅迫状が入っていた封筒には、散弾銃の使用済みの散弾容器二個も同封されていた。散弾容器は日本国内でライセンス生産されたレミントン・ピータース七・五号弾のものだった。阪神支局襲撃で記者二人を殺傷するのに使用された散弾は米国から輸入されたレミントン・ピータース七・五号弾。輸入品と国産品の違いはあるものの、両者は同じメーカー、同じ種類。しかも、この脅迫状が朝日新聞社に届いた時点では、阪神支局襲撃に使用された散弾がレミントン・ピータース七・五号弾であることは、新聞でもテレビでも、まだ報道されていなかった。封書の消印は「渋谷　六二・五・五」。つまり渋谷郵便局で五月五日に取り扱われていた。当時、α教会の本部は渋谷区内の住宅街にあった。

五月六日には、国会でも阪神支局事件が取り上げられ、参議院の予算委員会で答弁に立った葉梨信行・

国家公安委員長が「正確ではございませんが、朝日新聞社、時事通信、共同通信に対しまして、犯人と称する者からの、事件を自分たちがやったという連絡がございました。その名称につきましては、警察で調べましたところ、実在する団体名ではございませんでしたので、ただいま鋭意捜査中でございます」と述べている。葉梨委員長が言う「時事通信、共同通信に対する連絡」は「赤報隊」から届いた犯行声明文を指しており、「朝日新聞社に対する連絡」は、前述の「αきょうかい……」と書かれた脅迫状を指しているのではないかとみられる。

この脅迫状については、届いた直後、社会部の記者がα教会の広報部長に問い合わせた。広報部長は「ひどい濡れ衣だ。わが教会を陥れようとする者の仕業ではないかと思う。ある銀行に同じ書体で、α教会に金を振り込まないと爆破し客を射殺するとの投書も来ている」と全否定の回答だった。

広報部長が言うように、同年三月から四月にかけて、渋谷区内の銀行やＪＲ渋谷駅など七か所に「α教会に五億円振り込まなければ爆破する」といった趣旨の手紙が送られていた。しかし、散弾容器が同封された脅迫状は朝日新聞社へのものだけだった。

「きさまらのガキを車でひき殺す」

一方、政治団体のα連合は当時、全国各地で「スパイ防止法制定促進会議」を組織し、中曽根政権が進める国家秘密法制定を後押ししていた。これに対し朝日新聞は、国家秘密法が有事立法の性格を持ち、言論の自由への脅威であるとして反対の論陣を張り、スパイ防止法制定促進会議を支えているのがα連合であることを紙面で指摘した。一九八六年一一月二五日付の朝刊では一面トップ、見開き特設面、第一社会面、第二社会面を使って国家秘密法の問題点、同法に反対する各地の動き、市民運動などを一挙に伝える紙面を作った。これに対して、α連合は八六年一二月下旬から八七年一月末にかけて、連日のように朝日新聞東京本社の前に街宣車を繰り出し、朝日新聞批判の街頭演説を重ねていた。この街頭演説の実施日を朝日新聞社の警備センターが記録している。一月に入ってからは、二、三、四、五、六、七、九、一〇、一一、一二、一五、一六、一七、一九、二〇、二一、二二、二三、二五、二六、二九日の計二一日間で、「赤報隊」が東京本社への銃撃事件を起こした一月二四日については、α連合による街宣活動は行われていなかった。

α連合による街宣が終わって一か月後、八七年二月二六日付の消印で、脅迫文が書かれたハガキが朝日新聞東京本社と『朝日ジャーナル』編集部宛てに届いていた。神奈川県の川崎郵便局の消印で、差出人は「α連合」となっており、「社員のガキをひき殺す」という不気味な内容が手書きされていた。以下、長くなるが、全文を書き出してみる。

ソ連のスパイ朝日社員どもに告ぐ。俺たちはきさまらのガキを車でひき殺すことにした。朝日の経営権を三日以内におれたちにゆずれ。さもないとてめえらの社員のガキを車でひき殺す。俺たちには岸元首相や福田元首相が付いている。警察は俺たちの操り人形だ。俺たちが何をしても罪にはならない。おまけに俺たちが殺すのは共産サタンで人間ではない。てめえらバイキンだ、サタンだ。俺はこの世にα教祖さま(原文では実名)のため共産サタンを殺すために生まれてきた。共産サタンを殺すことが俺の生きがいだ。俺はM16ライフルを持っている。韓国で軍事訓練を受けてきた。今にてめえら共産サタンを皆殺しにしてやる。だがその前にてめえらサタンのガキをひき殺してやる。三日だけ待つ。関東の社員のガキとは限らない。全国の朝日のサタンのガキを狙ってひき殺す。俺の仲間も大賛成だ。警察に行っても無駄だぞ。警察はおれたちの味方だ。おれたちが岸元首相に言えば警察署長の首がとぶ。いいか、これは脅しではない。三日以内に社員のガキが交通事故で死んでもほえずらかくな。なんだったら社会部の記者のガキからやってやるぞ。てめえらのようなアカサタンを殺すのがおれたちの教祖さまから与えられた神聖な使命だ。必ず殺してやる。サタン皆殺しだ。

これらの脅迫状が、α教会やα連合から発信されたかどうかは定かでない。しかし、「共産サタン」「α教祖」などα教会やα連合の文書によく出てくる言葉が使われており、脅迫状がこれらの組織のメンバーか、メンバーと交友関係のある人物によって書かれた可能性はあった。朝日新聞と『朝日ジャーナル』による「霊感商法」批判記事などをめぐり、こうした脅迫状が書かれてもおかしくないほどの緊張関係が当時、朝日新聞とα教会・α連合との間には存在していた。

α教会は一九五四年に韓国で設立された。朝鮮半島のキリスト教の土壌から発生した新興宗教団体で、世界一〇〇か国以上に支部を持つ。日本では一九五八年から布教が始まったとされ、とりわけ大学生の間で「α研究会」「α運動」として浸透し、学業を放棄しての出家・集団生活、霊感商法などにみられる強引な資金集め、多数の信者の結婚式をひとまとめに行う合同結婚式など、様々な社会問題を引き起こしていた。朝日新聞社襲撃事件が起きた一九八〇年代、信者は公称四〇万人とされていたが、合同結婚の数などから四～五万人だったとの見方がある。現在は教団の名前を変えているが、国内だけで数万人の信者がいるとみられている。

α教会がなぜ、日本の若者たちを引きつけたのだろうか。その理由の一つは、精緻に見える理論と、きめ細かい勧誘システムが整っていたことだと思う。若者たちは、サークル活動のような装いでの勧誘→ビデオセンターでの講師の映像による教義の深化→「救世主が現れた」とのささやき→教祖の登場(ビデオ映像)へと導かれてゆく。韓国から教祖が実際に来日した時には各地を回り、植民地支配を受けていた戦前・戦中の朝鮮半島での苦労話を涙ぐみながら語ったという。その度、信者らはこらえきれずに一緒に泣いたのだ、と元信者が私に語った。

一方、α連合は、α教会の影響下にある反共主義の政治団体で、一九六八年に設立された。初代の会長には当時の教団会長の高谷正義氏(仮名。故人)、名誉会長には戦前に国粋大衆党総裁を務めたことで知られる笹川良一氏(故人)がそれぞれ就任。当時、α連合は自民党タカ派の政治家たちに「秘書団」を送り込んで選挙運動を支え、右翼団体とも連携して「反共活動」を繰り広げていた。韓国に対して強い贖罪意識も持つ教団信者らで構成されるα連合が、なぜ、反韓国を主張する日本の右翼団体と仲良くなれるのか。私には理解不能だった。

α教会・α連合と朝日新聞社の間には、前述のように緊張関係は間違いなくあったが、一連の朝日新聞襲撃事件に関わったとされる「証拠」があるわけではなかった。このため、私たちは事件に絡めて両組織のことを記事に書くことはほとんどなかった。しかし、少なくとも事件発生から一〇年間は、右翼への取材とα教会・α連合への取材を同時並行して進めてきた。その一〇年間、私たちは一連の事件について必ず「右翼または右翼を装った者による犯行とみられる」と書いてきた。「右翼を装った者」との表現は、犯人の可能性を広くとらえるためだったが、α教会・α連合の可能性についても考慮してのことだった。

私たちが最初に取り組んだのは、霊感商法の実態の取材、スパイ防止法制定促進会議の実態の取材、α教会信者を説得して脱会させる取り組みをしているキリスト教会の牧師や神父らへの取材、そして牧師や神父の説得によってα教会を脱会した元信者らへの取材だった。

一方的に罵声を浴びる

取材を始めた頃、霊感商法をめぐる裁判に関連して、大阪府吹田市にあった、壺などの販売会社を訪ねた。その際、私は数十人のα教会信者とみられる社員に取り囲まれ、一方的に罵声を浴びた。敵意に満ちた目、聞く耳を持たないといった表情に、ある種の恐怖を感じた。社会部の仲間と一緒に大阪市中央区のビルにあったスパイ防止法制定促進大阪府民会議の事務局を訪ねた時も、「朝日新聞」と名乗った途端に、何人もの事務局員が飛び出してきて、話を聞けないまま、追い返された。当時、『朝日ジャーナル』誌上で霊感商法批判の記事を書いていたＣ記者の千葉県内の自宅は、信者とみられる複数の男たちによって四六時中監視されていた。娘さんが幼稚園に通う際、これらの男たちが背後からつきまとうため、一人では家を出られなくなり、家族や知人らが付き添って通園していた時期もあった。

阪神支局襲撃事件から約二か月後の一九八七年七月一五日、Ｃ記者が日本基督教団鹿児島教会の説得でα教会を脱会した元信者、福井美知さん（仮名）からこんな話を聞いた。以下、特命取材班の取材報告書からの引用である。

三月半ば、ＴＢＳ系のテレビ番組「報道特集」で「霊感商法」が取り上げられる一週間ほど前のことだった。大阪市淀川区西中島にあったビルに、霊感商法の各店舗で働く献身者(信者になるために家を出た人)約一〇〇人が集められた。そこに、「対策部長」と名乗る男が現れ、「私が今月から関西の対策部長になった。大阪は特にマスコミが騒ぎ、ややこしい。だから、いずれ私が行くことになるだろうと思っていた」と切り出したあと、こう話した。

「サタン側にとっても、今は最後のチャンス。サタンはいずれ自分らが滅びることを知っており、最後のあがきをしている。この時点でサタン側に立っているのは朝日新聞、共産党、(α教会への)反対派牧師、反対父母の会、弁護士などである。この中で一番注意しなければならないのは……(マスコミか警察のどちらかだった＝福井さんの証言)」

「警察の上の方の人は、私たちのことを理解している。しかし、下の方は事情を知らず、単なる正義感、常識、法律で私たちを攻撃している。彼らは何もわかっていない。マスコミが騒ぐと、警察は動かざるをえない。訴えがあると警察は動くだろう。警察がホーム(信者たちが集団生活している施設)に踏み込んだ場合、逮捕状の出ていない人は「それは私の荷物」と主張しなさい。時間を稼いで、逮捕状の出ている本人を裏から逃がしなさい」

さらに、「この大切な時に、神側を撃ってくる人たちに対し、たとえ誰かが霊的になって(使命感に燃えて＝C記者による注)サタン側に立つ誰かを撃ったとしても、それは天的に見たならば当然許される」とも話したという。

「やっぱり撃たれたのか」

この時期、α教会に関連した大阪の各店舗では、重要書類が「B倉庫」と呼ばれていた秘密の倉庫に移されていたという。福井さんは「連休明けに警察が入ってくるのではないかと言われていた。文書類を処分する「文の日」が頻繁にあった。四月後半から五月初めにかけての緊張はものすごかった」と話した。五月三日の阪神支局襲撃事件の翌日、ホームにいた仲間の信者らは三月の対策部長の話を思い、「やっぱり撃たれたのか」と話し合ったという。

こうした話を、当時の教団信者らの朝日新聞社への「視線」として、私たちは深刻に受け止めた。脱会者からの取材では、朝日新聞社への「抗議電話」「無言電話」に携わったという証言を聞くことも多かった。

翌八八年五月三〇日、私たちは新潟県内に住む元信者の桜明美さん(仮名)に会った。桜さんは八六年一〇月から八七年一一月までα教会の信者だったが、新潟の福音キリスト教会の松永堡智牧師の説得で脱会していた。桜さんはα教会が営む渋谷のビデオセンターに通い、印鑑セットを四〇万円で、壺を一〇〇万円で買い、泊まり込みの研修や実践トレーニングを経て八七年五月にマイクロ部隊に入った。マイクロ部隊とは、数人ずつに分かれてマイクロバスに乗り、各地を移動しながら物品販売や寄付金集めをするグループ。五月三〜五日の三日間、東京・八王子市にあった教団の施設で講習会が行われた。この講習会の二日目、つまり五月四日の朝会で、マイクロ部隊の中山隊長(仮名)が九〇人のメンバーを前に、「皆さん、関西で起きた朝日新聞の襲撃事件を知っているでしょう。実は、やったのは私の霊の親(α教会へ誘った人)

なんです」と話したという。聞いていた人たちの中から拍手が起きたのを、桜さんは覚えていた。

こうした情報が入るたび、私たち取材班は人物の特定を目指した。中山隊長の行方についても、他の脱会者からの情報収集を重ねたが、本人に会うまでには至らなかった。つまり、発言内容の真偽を明らかにはできなかった。

ある潜入取材

私たち取材班は、事件発生から約三か月間、阪神支局員の取材上の問題が事件につながった可能性について調べ、その可能性はないとの結論に達していた。しかし、一つだけ結論を出しきれない事案があった。それは、α連合西宮支部への取材をめぐる問題だった。具体的には阪神支局事件の二か月余り前の一九八七年二月二一日、阪神支局の近くの西宮市民会館の会議室で開催された同支部の発足会について、同支局のO記者が潜入取材しており、それを相手側がどう受け止めたのか危惧されていた。

発端は、西宮市内に住む読者からの情報提供だった。α連合兵庫県本部の名前で、「西宮支部連絡会議」の案内状が自宅に届き、朝日新聞の記事のコピーに「『朝日新聞』もα連合の活躍を高く評価しています」との文面が同封されていたとの内容だった。コピーされていたのは、国家秘密法制定への動きを批判するキャンペーンの一環だった一九八六年一一月二五日付の記事で、各地のスパイ防止法制定促進会議がα連合によって実質的に支えられていることを指摘していた。コピーの説明文は、それを「朝日新聞もα連合を高く評価」と意図的に読み替えていた。大島支局長はO記者に調査を指示した。O記者は、連絡会議を主催する西宮支部長代行が尼崎市内の企業経営者であることを突き止めた。当日、Ｏ記者は阪神支局から歩いて数分の会場へ一人で行った。受付で名前と住所を書くことを求められたため、思わず「山田〇〇」という偽名と阪神支局の住所を書いてしまった。予想に反し、出席者一五人前後の小さな集会で、全員が自己紹介をすることになってしまい、「Ｏです」と今度は本名を名乗ったという。会議は、一般市民のほか、大学教授、高校教諭、地元の右翼団体の会長、地元国会議員の秘書、α連合の関西管区企画部長らが出席。支部長代理が開会の挨拶をした後、α教会の教祖が登場するビデオも上映された。右翼団体の会長が「公立高校の教師を糾弾している。協力してほしい」と発言。α連合の幹部が「大変いいことです。喜んで手伝います」と答えたという。会場では、スパイ防止のための法律制定を求める請願書への署名が呼びかけられ、α連合への入会申込書、同連合の機関紙の購読申込書なども配られた。

同連絡会議は昼食を挟んで約三時間続いた。会議後、Ｏ記者は特に呼び止められることもなく、会場を出て、阪神支局に戻った。大島支局長に一部始終を報告したが、朝日新聞の記者であることを隠して「潜入取材」したことについて叱責された。Ｏ記者は、集会の取材方法については大島支局長に事前に相談はしていなかった。阪神支局で事件が起きた後、朝日新聞社側は「もしα連合側がＯ記者の取材を問題視していれば、阪神支局事件を起こす動機になりうる」と考えた。大島支局長は新聞労連委員長の経験者で、委員長時代に国家秘密法に反対する取り組みに熱心だったこともあり、当時、「自分のせいで小尻君が殺されたのではないか」との思いを心の片隅に抱いていたという。大島氏は二〇〇六年八月、癌で亡くなっている。

この潜入取材の経緯は、兵庫県警にも伝えられた。私は、担当の刑事から「東京にあるα連合本部へ行き、O記者の件をどう受け止めていたのかを問いただした。どうも報告は本部まで上がっていなかったようだね。α連合の本部がO記者の件を問題視していたとの感触はまったく得られなかった」との報告を直接聞いている。とはいえ、α連合の本部側が刑事に真実を話したかどうかについて、私は確認できていない。

右翼活動家たちはどう見ていたか

右翼活動家への取材でも、α連合が事件に関わった可能性について関心を示す人たちがいた。たとえば、日本青年旭心団中央本部長で、野村秋介氏の自決の現場にも立ち会った松本効三氏は八七年一一月一七日、私の取材に対し、こう述べていた。取材ノートのまま書き出してみる。

「私のところには、α連合の若者たちがよく出入りする。しかし、決して気は許していない。天皇陛下の問題にしても、α連合は「御巡幸記念アルバム」を系列の新聞社から出版したり、「天皇制は民族統合の核として素晴らしい」と評価してくれたりするので、表面上はニコニコ顔で応対している。しかし、連中の持っている宗教は恐ろしい。人間をすっかり変えてしまう。彼らの心は天皇陛下ではなくα教祖に向いている。親や兄弟を犠牲にしてでもα教祖に付き従う。朝日新聞襲撃もα連合の可能性があると私は思う。資金源やナワバリの争奪をめぐってヤクザは命を懸けて抗争をする。α連合にとっても、朝日の霊感商法批判キャンペーンは、経済的に死活問題だ。命を懸けて守ろうとしても何ら不思議はない」

「私と同じ五〇代(当時)の男はα連合にすっかり取り込まれたと思っていた。しかし、最近、この男と合宿で一緒になり、話をするうちに、そうでないことが分かった。彼は「α連合には分からない部分があり、恐ろしい組織だ」と言っていた。この分からない部分というのは秘密組織か何かを指していると思う。私はベトナム戦争当時、観光ビザで韓国に行き、ベトナム派遣の猛虎部隊に体験入隊し、軍事訓練を受けたことがある。私ですら知人のコネでこうしたことが可能なのだから、α連合の若者たちが韓国内で軍事訓練をするのはいともたやすいと思う」

松本効三氏は話の内容について、明確な根拠を示したわけではない。しかし、他の右翼活動家からも同様の話を取材しており、当時、右翼活動家らがα教会とα連合に抱いていた「思い」と私は受け止めている。

民族派の檜山太郎氏(仮名)は、阪神支局事件が起きる五日前の四月二八日夜、α連合理事長の香山誠二氏(仮名。故人)からの電話を自宅で受けた。香山氏は「朝日があることないことを、いっぱい書いている。われわれの出版物で対抗するには限界がある」と話したので、檜山氏は「弱音を吐くな」と励ましたという。しかし、電話の後、檜山氏はα連合の理論誌に出していた原稿を取り戻し、掲載を断った。香山氏との電話のやり取りの中で、「いやな予感」を感じたからだという。この「予感」と「事件」との関係は、もちろん明らかではない。檜山氏の「思い過ごし」だったのかもしれない。

強い抗議

朝日新聞が一九八四年八月に「宮崎・都城第二三連隊が南京大虐殺に関与か　兵士の日記に記述」とい

う記事を全国版で掲載し、その真偽を巡って深刻なトラブルになった。この問題が長引く中で、α教会系の日刊紙・α日報が深く関わるようになった。記事について地元の元将兵らでつくる「二三連隊会」が朝日新聞に強く抗議。八五年二月、朝日新聞は「二三連隊　南京大虐殺と無関係を表明」という見出しの記事を宮崎県版(宮崎県内のみに配達する紙面)に出して決着したかに見えた。しかし、一〇か月後の同年一二月、二三連隊会の幹部がα日報の社会部長を伴って宮崎支局を訪ね、「全国版に訂正記事を出せ」と要求した。朝日新聞は拒否したが、この直後からα日報は四回にわたって「南京事件報道、(地元の)支局長が自作自演」「朝日、今度は写真を悪用」などの記事を掲載した。連隊会側は朝日新聞を相手取って告訴する動きを見せ、長い交渉の末、八七年一月二三日付の朝日新聞全国版(社会面)に一段見出しで「連隊側が南京虐殺に無関係と表明」との記事を掲載して、最終決着した。偶然なのかどうか、翌日の一月二四日、「赤報隊」による最初の朝日新聞攻撃となる東京本社銃撃事件が起きた。

阪神支局襲撃事件の後、私は先輩記者とともに当時の問題処理を担当した西部(九州)本社の編集局幹部に会い、宮崎に赴いた。しかし、記事上では決着していたにもかかわらず、現地の記者から「二三連隊会側の朝日新聞への反発がまだくすぶっている」との説明を受け、取材は控えざるを得なかった。

ビデオ『朝日新聞の赤い疑惑』

教団の元信者への取材を進める中で、当時、信者らが『朝日新聞の赤い疑惑』というα連合情宣局が制作したビデオを見て、朝日新聞への敵愾心を募らせていることが分かった。「あのビデオを見ると、朝日新聞への憎しみが高まる」と元信者は話しており、私たちはこのビデオを手分けして探した。間もなく入手することができ、特命取材班全員で見た。

半ば本気で「朝日新聞社員がこのビデオを見ても、朝日新聞が嫌いになるね」という感想が聞かれるほどの出来栄えだった。テーマは国家秘密法などで、朝日新聞の取材経過を調べ、ごく小さな反対の動きを大きく取り上げ、法案賛成の声を意識的に無視し、強引な取材で記事を捏造している、との内容。α教会系の日刊紙・α日報の記者が小型テレビカメラを隠し持って朝日新聞の宮崎支局に押しかけ、県議会のスパイ防止法制定促進決議の動きをめぐる取材の不備を鋭く突き、しどろもどろに答え、言い訳する支局デスクや記者の姿を映し出していた。

α日報は八七年一〇月一四日から、一面で「最新朝日新聞事情」というタイトルの朝日新聞批判の大型連載記事を掲載し始め、翌八八年四月まで計一〇九回にわたって続けた。第一部は購読者を増やすための拡張員の問題、第二部は様々な誤報記事や訴訟となった記事が書かれた経緯、第三部は朝霞自衛官殺害事件の犯行隠蔽に関わったとして逮捕された記者の顛末、第四部では「隠された抗争史」と題して、朝日新聞社の創業家(村山家)と経営陣の対立について延々三〇回近く書いていた。

全国の銃砲店

α教会は阪神支局事件が起きた当時、全国で二六店の系列銃砲店を持ち、その多くで射撃場も併設していた。一九八七年七月八日、私を含め特命取材班のメンバー三人で和歌山市の中心街にあったα教会系の銃砲店に併設された射撃場に入り、エアライフルの試射をして、店内の様子を探った。前方に標的があるボウリング場のような施設で、銃を借りて標的に向けて座ると、信者と思しき従業員が近づき、手取り足取り銃の使い方を指導する。「銃口の先端の小さな突起と重なるように標的への照準を合わせてごらん」。銃を構える私の腕や肩に手を添え、囁くように話しかける従業員の声を聞きながら、私は何度も冷や汗を流した。

α教会は当時、韓国で銃砲メーカーを経営し、そこで生産されたエアライフル「鋭和3B」を日本にも輸出し、各地の銃砲店で販売していた。兵器製造はその後、やはりα教会系の別の企業に受け継がれ、現在も機関砲や戦車の部品などを製造している。

α教会の信者で国体の射撃競技の選手もいた。和歌山の銃砲店の店長経験もある畑中正高氏(仮名)は一九七三年の千葉国体、七四年の茨城国体にライフル射撃の部門で出場。このほか、四人が一九七五年から八四年までの各国体にライフル射撃やトラップ競技の部門で出場していた。各地の銃砲店でテクニカルアドバイザーを務めていた別の信者は、スキート競技の選手として全国大会で入賞する実力を持っていたといわれる。

元自衛隊員の信者の名前も判明した。佐藤恒次氏(仮名)ら三人で、いずれも反戦自衛官として知られた小西誠氏からの情報だった。小西氏が出している「反軍通信」の八三年四月の紙面に「右翼・α連合のわが市ヶ谷隊友を巻き込んだケニヤへの反革命「義勇軍」の派兵を糾弾する」として、三人の名前を挙げていた。三人は八二年に「陸上自衛隊市ヶ谷第三二連隊」を除隊しており、その後、アフリカ・ケニアで「武装組織の反革命義勇軍メンバーとして活動した」というのが記事の趣旨だった。ケニアでの活動について裏付け取材はできなかったが、佐藤氏らにα連合の活動歴があることなどは確認できた。佐藤氏は、アフリカから帰国後、東京の右翼団体「大日本誠流社」に加入し、八六年の参議院選挙には比例区から立候補し、落選していた。

一九八七年秋、私は大日本誠流社の楠本正弘会長を通じて取材を申し込んだが、「本人が朝日には協力したくないと言っている」として拒否された。楠本会長への取材を重ねるうち、「どの男が佐藤なのかぐらいは教えてやろう」と言われ、大日本誠流社の東京・新橋駅頭での街宣活動に立ち会った。「あいつが佐藤だよ」という楠本会長の指差しに従い、街宣車上でマイクを握る日焼けして屈強そうな男性を確認した。演説を終えて街宣車から降りてくる佐藤氏を呼び止め、取材への協力を求めたが、彼は一言も答えず、一目散に雑踏の中へ走り去った。

その後、佐藤氏は大日本誠流社から離れて消息を絶ち、僧籍を得て奈良県の山中の小さな寺に籠っていたが、一九九〇年一月二九日、暖を取っていた練炭火鉢による一酸化炭素中毒で死亡した。「彼が事件にかかわっていた可能性はある」と話す兵庫県警幹部もいたが、佐藤氏の「事故死」を報じる小さな記事が朝日新聞の奈良版に掲載されるまで、長い間、消息不明だったため、本格的な事情聴取はできないままに終わった。佐藤氏の死後、取材班のP記者が愛媛県の山中にある佐藤氏の故郷を訪ね、母親から話を聞いた。α教会の信者だった妻にも取材したが、手がかりは得られないままだった。

「秘密軍事部隊」の存在を追う

阪神支局事件の取材を始めて間もなくの八七年五月末、「α連合には秘密軍事部隊が存在していた」と話す元信者に会うことができた。当時三五歳だった中尾元信氏。早稲田大学政経学部時代に教団の学生組織であるα研究会に入り、α研時代も含めて教団での活動歴は約一〇年間。大学卒業後は、α教会の高谷正義会長（当時）の秘書を務めた後、α連合の「特殊部隊」へ。その任務として、信者であることを隠して金山政英・前韓国大使（故人）の私的研究所へ入り、研究所にあった韓国・北朝鮮・大韓民国民団・朝鮮総連関係の資料をα教会に流していたという。八二年七月、α教会信者の脱会活動に取り組むセブンスデー・アドベンチスト教会（キリスト教の一宗派）の和賀真也牧師の著書を読んだことがきっかけで、α教会から脱会していた。

中尾氏によると、信者だった一九七八年九月、埼玉県北西部の神川村（現在の神川町）にあった教団の関連施設の体育館で夜間に催された合同婚約式（マッチング＝結婚相手を決める儀式）に参加。広い体育館で舞台に向かって左右両側にそれぞれ一〇〇〇人を超す男性グループ、女性グループが座り込んで待つ中、α教祖が現れ、中央の空間を腕組みしながら歩き出した。視線を両側の信者らへ交互に向け、指をさす合図で女性を指名、続いて男性を指名すると、その場で二人の婚約が決められた。この日に決まったカップルは一六一〇組（α教会の言い方では「一六一〇双」）。中尾氏は「私の相手は、申し訳ないけど、地味で暗い感じの女性だった。瞬間的にとても夫婦になれないと思った」と振り返った。「私は敬虔な信者だったので、婚約者と仲良くしようと努力した」と話しつつ、この不自然な婚約も、脱会の理由の一つになったかもしれないという。

中尾氏は阪神支局襲撃事件が起きる少し前に、学生時代の仲間でやはりα教会から離れていた水島正照氏(仮名)と妻の芳子さん(仮名)に再会した。その際、芳子さんが「私は三年前に脱会する直前まで秘密軍事部隊にいて、銃の射撃訓練も受けていた」と打ち明けたのだという。二人はこんなやり取りをしたという。

「私はα連合では(特殊部隊を率いていた)清元正文さん(仮名)の下で動いていました」(中尾氏)

「偶然ですね。私も清元さんの部下だったんです」(芳子さん)

「えっ、あなたも特殊部隊にいたんですか?」(中尾氏)

「いいえ、非公然の軍事部隊でした。銃も練習していたんですよ」(芳子さん)

中尾氏によると、α教祖は「女性も先頭に立って銃を取れ」と説教しており、芳子さんが軍事部隊にいたとしても不自然ではないという。中尾氏も芳子さんも、特殊部隊、軍事部隊に入る際は、α教会の籍を抹消されていたという。

一九八八年九月一九日、私は中尾氏の紹介で水島夫妻に会った。埼玉県の地方都市の最寄り駅に降り立ち、中尾氏が夫妻宅に電話して「知り合いの新聞記者が会いたがっている」と頼んでくれたが、応対した正照氏は「自分は今も、α教会の中に友達がいる。等距離外交の立場を守りたいので、記者とは絶対に会わない」との返答だった。このため、やむをえず、私は仕事と名前を偽り、「中尾さんの友人の山内」として、水島夫妻が暮らす小さなアパートの部屋で話を聞いた。中尾氏がα教会時代の思い出話をしながら水を向け、軍事訓練などについては私が質問。夫妻の発言内容は以下のようだった。

「特殊部隊には清元正文・α連合副理事長の推薦で入りました。組織の登録を抹消し、OLの生活をし

ながら、夜間などに四〜五人単位で活動しました。全員が偽名で互いの本名は最後まで知らないままでした」（芳子さん）

「軍事訓練は時々ありました。先ほど話した四〜五人のグループで参加しました。軍事面の指導は陸上自衛隊の習志野空挺団（第一空挺団）出身の幹部が担当していました。尾行、格闘、偵察などの訓練とともに、銃の実射訓練もしました。銃の種類や訓練場所などは言いたくありません。指導した幹部の名前についても勘弁してほしい」（芳子さん）

「特殊部隊の隊員にはまず、殉教の精神が叩き込まれました。「お前たちは、祝福（合同結婚）を受けないでも、天国で高いところに行ける」と教えられていました。隊員はかなりいたと思います。メンバーの思想、技術水準により、任務内容に差があったと思います」（芳子さん）

「銃を実践活動で持ったことはありません。実際には、焼き芋の屋台をリヤカーで引きながらの偵察、監視任務が多かった。焼き芋の屋台は、焼き芋の販売による経済的利益も期待できるので、多用されました。今でも、東京の都心で焼き芋の屋台を見ると、ひょっとして特殊部隊かと思うほどです」（芳子さん）

「私も軍事的な訓練に参加したことがあります。その時は、α研究会で正道術（空手の一種）をしていた屈強そうな男性が数十人ほど集められました。数日間の日程で、宿泊場所は東大の寮でした。尾行訓練などに加わりましたが、「子供騙しのごっこ遊び」ではないかと感じて、途中で帰りました」（正照氏）

「特殊部隊の隊員は、縦系統の指示、命令があるのみで、仲間同士の横の連絡ができず、集団を離れての生活を余儀なくされるため、脱落者も少なからずいたと思います。私が特殊部隊を離れ、α教会からも離れたのも、今考えると、似たような理由によるように思います」（芳子さん）

特殊な任務を負って軍事訓練をしていた組織が、α連合の中に間違いなく存在していたのだ。しかし、朝日新聞記者を名乗っての取材ではなかったという事情もあり、当時は記事にはできなかった。

その後、水島夫妻は転居し、連絡が取れなくなったが、七年後の九五年五月初め、韓国ソウル市で暮らしていた水島夫妻に会うことができた。私は社会部から京都支局次長への異動が決まり、取材現場の一線から離れる前に、どうしても懸案の問題に決着をつけておきたかった。上司に韓国への出張を願い出て、認められた。

ソウルで再取材

様々な手がかりを元に水島夫妻の住所をなんとか突き止め、五月四日夕、出張に同行したQ記者とともに、ソウル市の中心街の独立門近くのマンションを訪ねた。ドアを開けると、夫の正照氏が一人で勉強していた。「七年前にお会いした山内ですが」と名乗ると、「あー、覚えています。だいたいこちらに来た目的は分かります。どうぞ」とすんなり部屋に招き入れてくれた。私はまず、朝日新聞の記者だと名乗らずに訪ねた七年前のことを詫びた。すると、正照氏は「その時も、何となく分かっていました。でも、私は今、α教会に戻っているんです。それでも良ければ……」と話した。日本風に言えば、六畳一間と台所と浴室だけ。机、冷蔵庫、トースター以外には家財道具といったものはなく、壁にはα教会の教祖夫妻の肖像写真がかけられていた。

「樋田さんたちはここの住所がどうして分かったのか」と聞かれ、「奥さんが延世大学に勤めていることが分かり、その関係から調べました」と答えた。最初に朝日新聞社襲撃事件についての見解を尋ねると、「朝日の事件と私たちが何で関係があるのか。はっきり言って不愉快です。先生（α教祖）は「打たれることはあっても、打つことなかれ」と教えている。それを守るα教会の人間は、よもや人を殺せるとは思いません。人を殺せば、その人間が浮かばれないことは教会員なら誰でも知っています」と正照氏は話した。

本題である「七年前の証言」の再確認をめぐっては、以下のやり取りがあった。

——七年前に会った時に、武闘訓練やスパイの練習をしたと話していたが。

「確かに、当時は大学でα連合に入るには、ある程度の訓練は必要でした。ヘルメットをかぶった左翼学生を相手にわたり合う訳ですからね。だが、私たちがやっていたのは真似ごとですよ。やっていたのは正道術（α教会が信者に教える韓国空手）ぐらいですよ。それも、代々木公園で人が見ている前で練習をしていた。当時、何か思想を広めようとする団体は、だいたい似たようなことで身を守る訓練をしていましたよ。うちも、左翼学生が同じようなことをやっていたから、それに備えてやっていただけ。特殊部隊とか、特別な組織があった訳ではなく、α連合にいた学生のほとんどがやっていたのではないでしょうか」

——七年前には、銃の訓練もしたと言っていたが。

「そんなことを言いましたか？　私は覚えていません」

——正照さんは言っていない。でも、奥さんがおっしゃっていました。

「そんな記憶はまったくない。私たちは夫婦ですからね。普段もお互いの過去について語り合います。

第一、日本のどこで銃の訓練なんかやれるんですか」

この後、正照氏はいったんは離れたα教会の信者に戻った経緯などをこう語った。

「私はもともと東京のキリスト教系大学を中退して、ソウル市にある高麗大学に留学しました。その後、(合同結婚の相手＝韓国人女性＝とは協議離婚して)今の妻と駆け落ちし、日本の教会にはいられなくなり、台湾へ渡りました。一度日本に戻った後、再び韓国へ帰り、高麗大学に再び通いました。その頃は完全にα教会と切れていました。しかし、韓国に戻って一年ぐらい経った時、タクシーに乗っていたら、中央分離帯を越えてきた相手の車と正面衝突し、私は大怪我をして入院したのです。相手は保険に入っていないし、タクシーの側も「うちには責任がない」と逃げてしまった。そんな時、韓国のα教会の人たちが親身になって病院に見舞いに来てくれました。それから再び教会に通うようになりました。脱会してから一三年ぶりの復帰でした。先生(α教祖)にお願いし、妻とは再祝福を受ける予定です。樋田さんたちもα教会の経典を読んでください。私も教会の教えについてはいろいろ悩みました。でも、やはり先生は五〇〇〇年に一人出る偉大な宗教家です」

妻の芳子さんは当初、私たちの取材を拒否したが、正照氏の説得で七日早朝、ソウル市の独立公園のベンチで、正照氏同伴で短時間だけ会えた。以下のやり取りがあった。

――七年前に会った際、あなたは清元正文氏の推薦で特殊部隊にかつて入っていた、とおっしゃった。

「まったく覚えていません。特殊部隊というのは何のことか分かりません」

――α連合の秘密の組織に入っていた、と七年前にあなたは言った。言ったかどうかの記憶ではなく、そうした組織に入っていたかどうかを聞きたい。

「そんな部隊や組織があったことも知りません。中尾さん(水島夫妻に対して筆者を紹介した元信者)はそんなことを言っているんですか」

――その特殊部隊で四～五人ずつグループを組み、時々軍事訓練をしていた、と七年前にあなたはおっしゃった。

「そんな話は覚えていません」

――軍事訓練はしたのか？

「していません」

(正照氏が助け舟を出すように)「代々木公園で真似事はしましたよ。正道術とかの武術でね。しかし、当時は過激派もヘルメットや鉄パイプで武装しており、その程度のことは当たり前でした」

――七年前にも、ご主人は確かにそうした趣旨のことをおっしゃった。しかし、芳子さんの方は銃の実射訓練をしたことを認め、「訓練を受けながら、わが組織はこんな訓練まであって素晴らしいと思った」とまでおっしゃっていた。

「そんなことを話した記憶はありません。何のことを言われているのか全然わかりません」

――いずれにしても、銃の訓練はしていたのか？

「していません。それより、なぜ、そんな取材をするのですか。朝日新聞の事件にα教会が関係していると本当に考えているのですか？」

――可能性の一つとしては考えています。右翼などについても取材を続けています。事件にα教会が絡んでいても、あなた方は信者であり続けますか？
「朝日新聞の事件とは無関係です。そう信じているから、再びα教会に戻りました。そんなことをする教団ではない、と確信しています。そうでなければ、戻りません」

水島夫妻への取材は、ここまでで終わった。正照氏は当初、いきなり訪ねた私に対して「(前回の訪問を)覚えています」と話し、七年前に話したことをある程度は認めた。しかし、芳子さんは私たちと顔を合わせるなり、「私は最近、物忘れが激しい。昨日あったことも忘れてしまうほどです。樋田さんに七年前に会ったと主人に聞いたが、記憶の奥にかすかに残っている程度です」と話した。質問に対しては全否定だったが、表情は終始おどおどした感じで、真実を話しているとの印象は持てなかった。

この出張では、韓国α教会の元幹部でα教問題研究所長の金明熙氏にも取材した。「α教会に秘密組織はあるのか？」と尋ねると、「秘密部隊は当然ある。α教祖の身辺警護をしているグループもそうだ。しかし、命令系統がスパイ組織のようになっていて、ごく少数の幹部しか実態を把握していない」と話した。

「自由な言論機関」への試み

私たちは、阪神支局襲撃事件の三年前、一九八四年六月にα教会の元広報局長の田中利文氏(仮名)が何者かに襲われ、重傷を負った事件にも強い関心を寄せた。

この事件には前段がある。田中氏は事件の一年近く前、八三年九月末まで、α教会系の日刊新聞・α日報の編集局長を務めていた。その前年まではα教会本部広報局長も兼務しており、教会の方針を決定する一二人の局長会議のメンバーだった。

一九七五年に創刊されたα日報は八〇年代初め、有料購読部数が約七〇〇〇部で、経営的にも毎年数千万円の欠損の全額を教団側から補塡してもらう状態が続いていたという。田中氏は、経営建て直しのため八〇年にα日報に入社し、編集局長に就任。部数拡大のためには、α日報を教団の宣伝紙ではなく、一般紙に脱皮させる必要があると考え、一宗派や特定の政治団体に偏しない紙面作り／そのため、紙面を教団や政治団体の布教、宣伝には使わない／論調は産経新聞よりも強い反共、愛国の方向をとる／紙面作りによって、日本を共産化から防衛するという意味で、α教会とα連合に間接的に寄与するという基本姿勢を打ち出した。社内では宗教上の礼拝をさせないように徹底し、紙面に寄稿する学者や文化人の多様化も進め、特ダネが続いたこともあって、有料購読部数が改革前に比べ五倍の約三万五〇〇〇部に増えた。経営的にも教団から独立することが可能になりつつあったといい、田中氏はα日報社の臨時株主総会を開いて取締役社長に就任した。

しかし、教団の幹部らは、α日報を「自由な言論機関」に育てるという田中氏たちの方針を認めなかった。八三年一〇月一日、α連合理事長だった香山誠二氏ら約一〇〇人の男たちが東京の渋谷にあるα日報の本社ビルに一斉に入り、社屋を占拠し、一〇人ほどの社員に怪我を負わせた。この事件を、朝日新聞は翌日の記事では報じなかった。約三か月後の一二月三〇日、「ニュース三面鏡」という事件の背景などを追う社会面のコラムで取り上げた。

一枚岩の信仰と会員の団結を誇るα教会で、前幹部が批判の動きを見せているとして、一〇月一日に起こったα日報本社の占拠事件を初めて伝え、当時の田中利文編集局長らが解任され、教団からも除名されたことにも言及。「社内の権力主義者が社長を解任するなど会社乗っ取りを画策したので阻止した」とする現経営陣側の主張と、「教団の社会的評価を高めるためにもα日報の一般紙化を進めてきた。同紙を機関紙化したい集団が私を追放した」とする田中氏側の主張を、両論併記したうえ、両グループの争いの経緯を紹介する内容だった。

宗教組織の内紛を中立的立場で報じるという位置づけで書かれたこのコラムに、田中氏らは強い不満を持ったという。

翌八四年、田中氏は行動を共にしてきた元営業局長と連名で月刊『文藝春秋』七月号に「これが「α教会」の秘部だ　α日報事件で〝追放〟された側の告発」というタイトルの論文を投稿した。α日報の編集方針をめぐる対立や同本社占拠事件の経緯だけでなく、教団の教義の問題点や霊感商法での不法行為の実態などについても告発する内容だった。計一八ページに及ぶ論文のうち、教義批判と霊感商法批判の部分を抜粋し、以下に紹介する。

α教会は、韓国で生まれ、韓国人を教祖とする宗教であることは、いうまでもない。そのために、信仰儀礼などに、いくばくかの韓国習俗的なものがあることは仕方がないとしても、問題はただそれだけではなく、「韓民族」が選民であり、他民族に優越していると説くことである。

論文は、こうした書き出しで始まり、教祖を「メシア(救世主)」「王の王」とみなす象徴的な儀式がα

教会にあることに言及。具体的には、「聖壇に座った「α氏」とその家族に対し、主要幹部が三拝の拝礼を行う。(中略)その際、天皇陛下を始め、レーガン大統領、全斗煥大統領他主要国の元首の身代わりを、それぞれのその国の教会幹部が担当し、α教祖一族に拝跪して全世界の主権者がα教祖に拝礼したという儀式を行う」と指摘する。「日本の天皇陛下の身代わりを演ずるのは、日本α教会会長の高谷氏(仮名。原文は実名)なのである。何とも奇妙で、そして国民の象徴として天皇を上にいただく日本国民として見逃せぬ情景ではないか」と述べている。

論文は、α教会の経済活動についても詳しく触れ、α教祖が「日本の復興は朝鮮戦争の特需によるもので、韓国・朝鮮人の犠牲のうえに日本の繁栄が成り立っている。(中略)だから、教祖は日本から莫大な金額を持ち出すことも、そのために日本人会員が苦吟することにも、良心の呵責を感じない」と断言していると述べている。具体的に「物品販売活動に絡まる巧妙な脱税操作と、詐欺まがいの商品の高額販売」について言及。販売物品の原価率や小売倍率、各卸段階での卸値と利益の一覧表を示した上、「原価一万一千三百円の印鑑が数十倍(原文のママ)の百二十万円、一万円の人蔘エキスが八倍の八万円、ツボに至っては五千円の物が実に四百倍の二百万円、十万円の多宝塔が五百倍の五千万円で売られているということになる」と告発している。「これだけの暴利販売をやるには、尋常の手段では到底駄目のはずである」として、「世間で「霊感商法」と言っている「霊能者」や「先生役」を使っての相手を巧みにさそいこむ知能的やり方」が行われていると指摘。「ヨハネトーク」と名付けた手引書には、「先生は非常に霊感のある方なんです。見えない世界のことも、よくわかる先生なのです……先生の御指導を受けて、その通りになさって開運に導かれ、幸福になられた方が沢山いるんですよ」「このツボを通じて、ご先祖、ご子孫が報われていくんですから、苦労のしがいがありますね。（中略）ご先祖の冥福とご子孫の繁栄を祈りつつ決意されたらいいですね」などの「セールストーク」が書かれている、としている。

さらに、「α教会は、特に昭和五十三年（一九七八年）ごろから資金集めに躍起となった」として、下部教会員に指示する目標額が「一人一日一万円、一年間に二百七十万円の献金」となり、さらに「末端の信者にまで月々百万円もの献金を求めるようになった」と指摘。「それを達成するには、手段を選ばず、強引なセールスに狂奔するよりない。販売のやり方がより過激に、詐欺的に、取り扱い商品がより高額なものへとエスカレートした」と分析している。

α教会側は「霊感商法」について、終始一貫して組織的関与を強く否定している。

論文は、この後、以下の一文が続いた。

ここまで書くということは、私たちの青春を全否定する決断と身の危険を覚悟した上でのことである。

襲われた元編集局長

田中氏らの論文が掲載された『文藝春秋』七月号は、六月一〇日前後から全国の店舗に並んだ。しかし、その直前の六月二日夜、田中氏は世田谷区の自宅近くの路上で何者かに襲われた。この事件を当時、朝日新聞は東京本社版の社会面に二段見出しで報じた。

記事は、α日報の前編集局長の田中氏が背中や左側頭部、左腕に切り傷を受けて重傷を負ったとして、「マンションの入り口近くで待ち伏せていた男が、いきなり「この野郎」と言いながら刃物のようなものをかざして襲いかかってきた」「男は切りつけたり、数回殴った後、走って逃げ、田中さんはマンション三階の自室に駆け込んだ」「犯人は三十歳ぐらいで坊主頭。カーキ色のヤッケを着て白っぽいズボンをはいていた」などと書かれていた。さらに、α教会やα日報の編集方針をめぐる内部対立など、事件に至る経緯についても触れていた。

田中氏が襲われた夜、α日報の元社会部記者、木田富士雄氏(仮名)がたまたま田中氏の自宅にいた。血まみれの状態で階段を上がり、ドアを開けた田中氏の姿を見た時の衝撃が忘れられないという。「左のこめかみから、ホースから水が噴き出すように真っ赤な血が噴き出していました。田中さんは「俺は死ぬかもしれんな」と一言つぶやき、玄関に倒れ込みました。奥さんと二人で、体のそこかしこの出血部位をタオルなどで必死になって止血しながら、救急車の到着を待ちました。背中と腕の刺し傷が特に深く、止血しようと押さえる私の指が、肉の間にめり込んでしまうほどでした」と証言した。

やはりα日報の記者だった津田武寛氏はたまたま田中さん宅を訪ね、マンションの前に救急車が止まっているのを見つけて、胸騒ぎがした。「ひょっとして」と思っていると、包帯をぐるぐる巻きにした田中氏が担架に乗せられて、マンションの階段を降りてきた。「どうしたんですか?」と声をかけると、「これで(自分が襲われたことで)α教会を潰せるかもしれない」と気丈夫にも話したという。津田さんが血糊が点々と残る階段を駆け上がると、三階の田中氏宅の玄関付近は、文字通り血の海だった。田中氏は病院に運ばれた後、意識を失った。背中から左胸部に達した刺し傷は深さ一五センチで、心臓をわずか二センチ外れていた。肺が切り裂かれて血が溜まり、一時は重体に陥ったが、三度の緊急手術が成功して、二日後に意識が戻った。

事件の後、教団側は「田中は闇の世界と深い付き合いがあった。闇の世界のプロの刺客に襲われたようだ」との説をしきりに流した。

奇跡的に回復した田中氏は、かつての同僚や部下たちとともに『インフォメーション』という情報誌を立ち上げ、α教会とα連合を糾弾する論陣を張り続けた。「犯人は(α教会が信者に教える韓国空手の)正道術の使い手だったと思う」と警視庁の事情聴取で証言し、捜査の動きを見守った。しかし、捜査は難航した。朝日新聞を含めた大手マスコミが事件の続報をほとんど書かなかったことにも失望したという。事件は七年後の九一年、公訴時効となった。田中氏の傷の深さと襲撃の状況から、犯人の殺意は明らかで、傷害事件ではなく、時効まで一五年の殺人未遂事件として捜査すべきだった、と私は思う。田中氏の事件が未解決に終わったのは、警察の捜査姿勢にも問題があったためではないか。当時、警察は宗教組織の内奥へ分け入っての捜査に及び腰だったと思う。

私は当時、田中氏が信頼する助言者だった明治大学教授の吉田忠雄氏(故人)に会った。「田中氏は、『文藝春秋』に原稿を出す前に、元原稿を私のところに持ってきた。雑誌に発表したいが、と相談を受けたので、私は「これを出せば、殺される。発表してはならない。しかし、あなたが殺されるようなことになったら、その時は私が責任を持ってこの原稿を世に発表しよう」と言い、原稿をそのまま預かった。今もその原稿を保管している」と吉田氏は話した。さらに、こう続けた。「これだけはお話しできる。田中氏は自身を襲った人間を知っている可能性が高い。だから、朝日さんが独力で田中氏の居場所を見つけ、事件の真相を取材されることは、朝日新聞襲撃事件の解決にとっても大きな意味を持つと私は考えている」

吉田氏は最後にこう語った。「田中氏の懇請で、α日報の非公式の編集顧問のようなことをしていた時のことだ。元警察官僚で総理府総務副長官もしていた弘津恭輔氏（故人）ら正式の編集顧問と懇談する機会があったが、その際、弘津氏が「α連合が少々むちゃをしても、共産党への対抗力だから許される」と発言した。私は「α連合のやり方は国民に受け入れられていない。違法行為は取り締まるべきだ」と反論したが、もう一人の編集顧問も弘津氏の意見に賛成した。弘津氏の経歴を考えると、（田中氏への）襲撃事件の捜査が中途半端になっている理由がわかるような気がして、今考えても非常に不愉快だ」

田中氏は、吉田忠雄氏に託した原稿とほぼ同じ内容の文書を公安調査庁にも提出していた。上級官庁の法務省は、この文書をもとにα教祖の入国拒否を決めたのだという。公安調査庁の幹部から経緯の説明を受けた津田武寛氏は「田中さんの事件での、わずかな成果です」と言葉少なに語った。

「息子は行ってしまった」

私たち阪神支局襲撃事件の取材班は、田中氏になんとしても会いたかった。田中氏が襲われた事件の犯人の心当たり、朝日新聞襲撃事件とつながる可能性について、田中氏自身の見方を尋ねたかったのだ。

一九八八年三月四日、私は長崎市内の斜面に広がる住宅街にあった田中氏の実家を訪ねた。当時七四歳だった父親が応対し、「息子はここにはいない。居場所は知らない。知ろうとも思わない」と語った。目に涙をため、体を震わせながら、さらに続けた。「息子は例の合同結婚をした時点で勘当した。息子がα

教会に殺されかけた事件は、当時、知り合いの警察関係者から連絡を受けて知った。長崎新聞には小さく載ったが、（九州地区発行の）朝日新聞には掲載されなかった。けれども、事件後に息子が姿を消した理由は分かる。新聞社の皆さんがいくら追いかけても、息子は何も言わない。私が息子の立場であってもそうするにちがいない。命を守るためだ」

翌五日、私はもう一度父親宅を訪ねた。取材メモには、父親の話が以下のようにまとめられている。

「息子がα教会に行ってしまうのを止めようと、どれほど苦労したか知れない。幹部に直談判し、強引に連れ帰ったことも度々あった。しかし、それでも、息子は行ってしまった。α教会を批判して事件に巻き込まれたことを知って、息子もやっと分かったのかと思った。でも、もう遅い。親を親とも思わないことをさんざんしておいて、今さらどの面さげて帰って来れるのか。私は、息子を襲ったのはα教会だと確信している。警察の捜査は信じていない」

この父親の言葉に、明確な根拠はなかった。しかし、息子を教団に奪われた無念さが、私の胸に響いた。

田中氏は、地元の長崎大学に在学中にα教会に入信。一九六五年に大学を中退してからは、東京の教団本部やα連合の幹部として活動してきた。長崎の家族との連絡を絶っていたとみられる。東京・世田谷の自宅近くで襲われ、仲間との連絡も絶った後、故郷の長崎に戻っているとの情報があった。このため、長崎では長崎支局でα教会問題を担当していたR記者とともに取材し、長崎県内にある生長の家総本山で、三島由紀夫自決事件の生き残り、古賀浩靖氏に匿われているとの情報を摑んだ。このため、長崎市から車で約一時間の山中にあった生長の家総本山も訪ねたが、守衛に「事前の約束のない方は取り継げない」と門前払いされてしまった。古賀氏への取材も申し込んだが、秘書から「本人に電話は繋げない」と言われ、面会も断られた。

籠絡されていた編集委員

田中氏に接触するための人脈をたどる中で、八九年春、私たちは前述した田中氏のかつての部下、津田武寛氏に会うことができた。朝日新聞東京本社の近くの喫茶店に現れた津田氏は、周囲を警戒してか口数が少なかった。都内・葛飾区の自宅を何度も訪ね、田中氏に繋がる人脈などを取材したが、九二年になって、津田氏は少なくとも私にとって驚くべきことを口にした。

「以前にお会いした時は、朝日新聞の記者さんに完全に心を開いていたわけではありません。α日報の記者だった頃、田中さんの指示で定期的に朝日新聞のN編集委員に会い、田中さんから預かった五万円ないし一〇万円の金を渡していたんです。彼は被害者の父母の会の情報などをα教会に流していた。また、α教会などの批判記事を抑えてもらうことへの報酬でした。朝日新聞東京本社の編集局に金を持って行ったこともあります。週刊誌のページを切り抜いて一万円札を順に貼り付け、この週刊誌を紙袋に入れて、人目もはばからず彼に渡すんです。私の方にも買収した負い目があり、申し訳ない気持ちもあります。N編集委員はα教会とべったりだから警戒していたが、今は定年退職され、私大の教授だから、もう大丈夫ですね」

α教会の批判記事の嚆矢とされる「親泣かせの「α運動」」という記事は、一九六七年七月七日付の朝日新聞の社会面に掲載された。韓国で誕生した教団が日本での布教を始めた約八年後のことだった。「α

運動」とは、教団の学生組織の宗教活動で、大学生になった子どもが突然親に反抗し、家出して信者になる(献身する)といった現象を取り上げていた。教団が日本で布教を始めてから初めての「批判記事」とされ、教団側の「歴史年表」にも掲載されていた。信者らが朝日新聞に敵意を抱く大きな理由とも言われていた。その朝日新聞でα教会取材の中心となってきたN編集委員が、α教会から金で籠絡されていたというのだ。当時の私にとっては、到底信じられない話だった。

八四年六月に田中氏襲撃事件が起きた直後、津田氏は朝日新聞のN編集委員、共同通信のα教会問題の担当記者、文藝春秋社などに連絡した。当夜、渋谷署での記者会見も津田氏が準備した。事件が表沙汰になる前、田中氏の入院先の広尾病院にα日報の記者が来ていた。なぜ、α日報の記者が田中氏の緊急入院先を知っていたのか。α連合が事件に関わっていたためではないのか、との見方が出ていたほどだが、津田氏は「ひょっとしたら、N編集委員が教会側に事件を伝えたのかもしれない」と思っている。

田中氏や津田氏らは襲撃事件の前後のα教会との確執などを書いた記事を『週刊文春』に持ち込んだが、採用されなかった。新聞も襲撃事件を(宗教組織の内紛ではなく)言論事件として取り上げる動きはなかった。

田中グループとされるα日報の元記者、職員の中には、個人的、宗教的な悩みを抱えている者も多くいた。彼らを精神的、経済的に支えていくことはとてもできなかった。田中氏と行動を共にしてきたα日報の元業務局長は、彼らの生活を抱え込んでいこうとして、事件からしばらく後、田中氏と袂を分かった。「もうこれ以上は戦えない」と絶望的な気持ちになっていた時、たまたま『朝日ジャーナル』によるα教会批判、霊感商法批判のキャンペーン記事が本格化した。キャンペーンは八四年秋に始まり、翌八五年の冬から春にかけて掲載回数が増え、記事の内容も激しくなっていった。「申し訳ないが、ほっとした気持ちになった、というのが本心でした。我々の戦いは『朝日ジャーナル』に引き継がれた。だから、我々の戦いは終わってもいいのではないか。田中さんたちとそんな話し合いをしていたのです」と津田氏は振り返る。「あとは頼んだぞ」という気持ちだったという。後を託された形の『朝日ジャーナル』がα教会糾弾の論陣を張っている最中に、朝日新聞社の記者が殺された。阪神支局襲撃事件は、田中氏や田中氏を支えてきた津田氏らにとって、ひとごととは思えない、深い意味を持っていた。

津田氏の話や、津田氏の紹介で会った別の人物の情報などから、田中氏が生長の家の総本山に匿われた後、社長が生長の家の熱心な信者で、当時は各地で店舗展開していたスーパー「ヤオハン」で仕事をしていることが分かった。静岡県内のヤオハン沼津店の管理職で、田中氏の職場や家族の住む関東地方の自宅の連絡先なども分かった。九一年三月、私たちは満を持して沼津市へ向かい、単身赴任している社宅を訪ね、表札も確認した上でインターホンを押したが、やはり会うことは叶わなかった。津田氏を介して、田中氏から「マスコミは信用できない。大事な時に頼りにならなかったからだ」と取材拒否の理由も伝えられた。

もう書かないわけにはいかない

その後、静岡県警は一九九二年春に田中氏に接触したとみられる。その供述内容が静岡支局の記者から私たちに伝えられた。同県警が作成した供述内容の報告書を入手できた。質問項目ごとに以下のようにまとめられていた。

（事件の感触）

「確証はないが、阪神支局事件を知った時、α教会が事件を起こしたと直感した。しかし、それ以上攻撃の必要はないと思っており、その後、事件が継続したことについては不思議に思っていた」

（赤報隊の犯行声明文について）

「読んでも信念の根拠が見当たらないし、純粋な右翼のにおいがしない。α教会であれば、理論派だった人物（報告書では実名）が書いたものだと思う」

（組織の異常性と犯行の可能性について）

「α教会の専従者・真の信者は教祖から与えられた使命に対し、喜びをもって従う。人をだますこと、人を殺すことに何の良心の呵責も感じない。仮に朝日新聞社への事件を敢行したとしても、サタンは殺されて当然という理論にたどり着く」

（実射訓練について）

「日韓射撃訓練と称して、ゲリラ服を着て山の中で散弾銃の実射訓練をしていた」


九三年二月二六日、朝日新聞襲撃事件の取材を担当する全国の約三〇人の記者らが大阪に集まり、合同取材検討会を開いた。この会議で静岡支局の担当記者が静岡県警による田中氏への接触について、こう報告した。

田中氏が、静岡県沼津市にあるヤオハンで仕事をしていることを、静岡県警が知ったのは九〇年ごろ。

兵庫県警からの情報だった。静岡県警の捜査本部は田中氏に電話して接触を試みたが、「会うつもりはない」と断られた。このため九二年三月、田中氏の側近だった人物と会って、田中氏への接触の手助けを頼んだ。この人物の仲介などで田中氏と最初の接触に成功。田中氏は「私も静岡に住んでいる。県民の一人として世間話をしても良い」と話し、二回目の接触では、前述のような事件への見方を聞くことができたのだという。

この会議で、静岡支局の記者はこうも話した。「田中氏は朝日の幹部記者であるN編集委員に頼んでα教会批判の記事を抑えていた。田中氏の追放で、その関係がなくなって、教団批判の記事を抑えられなくなったことが朝日新聞襲撃事件を起こす動機になるのではないか、と田中氏が静岡県警に話したそうです」

私たちが津田氏から聞いた、N編集委員をめぐる話と一部符合している。N編集委員が本当に金を受け取っていたかどうか、α教会への批判記事を抑える動きをしていたかどうか、本人に確認しなければならないところだが、一九九八年に亡くなっていた。本人への確認取材ができないのなら、書かないという選択もあった。

N編集委員へのお金の渡し役をしていたという前述の津田氏も「Nさんだけを責められない。最初はα教会の取材費の足しになればと感謝を込めて渡していた。彼も、α教会の取材費は会社に請求しにくい、と話していた」とN編集委員を擁護した。朝日新聞社の社内事情としても、当時、N編集委員の立場で同僚記者の書くα教会批判の記事の出稿を抑えることは不可能だったはずだ。事実、N編集委員が阪神支局事件の直後の取材会議で、「α教会の周辺を調べるべきだ」と発言するのを、私は聞いている。しかし、二〇一七年春の時点でα教会の取材を再開するにあたり、α教会ウオッチャーとされるフリージャーナリストに会った際、開口一番「朝日さんはちょっと信用できない。N編集委員がα教会からお金をもらって記事を書いていたって話は結構広がっていますよ」と言われてしまった。津田氏の証言の信憑性の高さ、問題の深刻さ、この話の広がり具合などから、もう書かないわけにはいかないのではないのか、と考えた。

田中氏襲撃事件の当時、田中氏や津田氏らは、こう考えていた。宗教的な背景はあるにせよ、「α日報」という報道機関で、自由な言論を目指して戦った者たちが、暴力によって追放され、前編集局長が殺されかけた。マスコミは、事件を「自由な社会」への脅威と捉え、α日報を支配するα教会を一斉に糾弾するだろう、と。だからこそ、田中氏は瀕死の重傷を負って、救急車に乗せられる直前、「これでα教会を潰せる」と津田氏に対してつぶやいたのだ。阪神支局事件の取材を続けてきた立場から考えれば、少なくとも朝日新聞は田中事件を「自由な社会への脅威」という側面で捉え、紙面でもう少し頑張ってほしかったと今更にして思う。しかし、事実としては、あの時、朝日新聞を含めてマスコミはほとんど動かなかった。宗教組織の内紛との見方から脱することができなかったのだ。捜査当局も、田中事件では宗教組織の内部へ踏み込むことに慎重となり、宗教組織の中枢の家宅捜索などに踏み切れなかった。

田中氏の襲撃事件から五年後の一九八九年、オウム真理教の問題を追及していた坂本堤弁護士の一家が殺される事件が起きた時も、失跡現場でオウム真理教信者が身につける「プルシャ」と呼ばれるバッジが見つかっていたにもかかわらず、同教の本部などへの家宅捜索は行われなかった。そのことが、甚大な被害をもたらした地下鉄サリン事件につながってしまったのだと思う。

「お話しすることは何もない」

二〇一七年の九月半ば、私は田中氏宛てに長い手紙を書いた。この三〇年間、朝日新聞襲撃事件の取材を続けていること、田中氏が襲われた事件との関連の有無を調べ続けてきたことを述べ、なんとしてもお会いしたい、と懇願する内容だった。その二週間後、一〇月初めに関東地方の山あいを切り開いた住宅街にある田中氏宅を最初に訪ねた。応対に出たのは上品な感じの七四歳の妻だった。妻は「夫は会わないと言っている」と告げ、私は門前払いされた。さらに二週間後の一〇月一五日正午過ぎ、私はもう一度、田中氏宅を訪ねた。小雨が降り濡つ中、「今度こそ」と思いを込めて玄関のブザーを押した。この時も、ドアを開けたのは妻で、「主人は買い物に出かけています」という。私が外で待たせていただくと告げると、「大阪から二度も来られて大変だったですね。雨ですから、主人が戻るまで家の中で待たれませんか？」と声をかけてくれた。私は好意に甘えることにして、家の中に入った。妻は夫の携帯に電話し、「朝日新聞の人が来ている」と伝えた。電話の向こうで、妻を叱責する声が微かに聞こえた。「主人が帰ってもらえ、と言っています」と告げられ、椅子から立ち上がろうとしたところ、妻が「ごめんなさい。コーヒーだけでも飲んでいって」と言ってくれた。「いや、玄関の外で待ちます」とやり取りしているところへ、ドアが開き、田中氏が帰宅した。

自宅前の路上で襲われてから三三年。七〇歳になった田中氏が立っていた。

「私は事件以来、ずっと世間から隠れて生きてきたのだ。人生には、どう考えても、どうあがいても、どうにもならないことがある。あなたに分かってくれとは言わない。お話しすることは何もない。すぐに帰ってほしい」

私にまっすぐ向けられた目は、悲しげで、人生に絶望して生きてきた男の顔なのだと思った。私は、ここで引き下がる訳にはいかないと思い、「三三年前に田中さんが襲われて瀕死の重傷を負われた。三〇年前に朝日新聞阪神支局が襲われ、記者が殺された。二つの事件はいずれも未解決です……」と話し始めた。田中氏は「それは、あなたの手紙を読んでよく分かっている。あなたの熱意を否定はしない。だが、私は話すべきことはすべて、Nさん(編集委員)と警視庁に話した。だから、帰ってほしい」

田中氏の口から、それ以上の言葉は出てこなかった。

私は、暗澹とした思いで帰路についた。

国政進出の試み

α教会の信者名簿にある女性が衆議院議員選挙に立候補し、国政進出を試みたこともあった。一九九〇年二月投票の総選挙に大阪三区(当時)から立候補した河辺幸江氏(仮名)である。私は社会部員として同氏を取材し、大阪版の記事にした。

当時、大阪三区から保守系無所属の新顔として立候補を予定していた河辺氏の陣営について、選挙区内で様々な文書がまかれていることを伝えた。記事では、「α教会に子供を奪われた被害者家族の会」「共産党の各市委員会」などの文書で、社会問題になった霊感商法や、日本弁護士連合会が「霊感商法の背後にあると推認されている」としている宗教団体に、河辺氏自身がかかわっていると指摘していることも伝えた。河辺氏が記者会見して、霊感商法との関わりについて「一切関係がございません」と語ったことや、「朝立ち」での演説直後の河辺氏に単独インタビューした内容も書いた。このインタビューで、河辺氏はα教会との関係については「一度も会ったことがない」と話したこと、α教会からの応援について「いくつもの宗教団体からご指導、ご支援をいただいている。詳しいことはわからないが、たぶん応援してもらっていると思う」と答えたことも記した。

総選挙の公示の直前だったので、立候補予定者を誹謗中傷すると受け取られる恐れのある記事は書けなかった。しかし、彼女がα教会の信者であることは読者に客観的な事実によって知らせようと考え、記事には合同結婚式の名簿の写真を用意(未掲載)して取材にのぞんだ。

選挙が公示されると、河辺氏の選挙カーには、近畿・中国地方の約二〇の右翼団体の街宣車が列をなして付いて回り、「霊感商法の女王をよろしく」と大音声で呼びかけていた。いわゆる「ほめ殺し」街宣だった。ところが、選挙中盤で右翼の街宣車が姿を消した。グループのリーダーだった大阪・泉佐野市の右翼団体代表に取材すると、こんな答えが返ってきた。

「関西の右翼団体には、在日系のところが多い。あちら(α教会)も教祖が韓国で、(政治団体の)α連合を介して在日系の右翼とはつながりがある。だから、その線でなんとかお引取り願えないかと頼まれると、無下に断れない。それで、河辺後援会事務所に念書を一筆書かせて、金を受け取って、我々は手を引くことにした。せっかく集まってもらった各団体には、その金を渡し、近くの淡路島で地元の国会議員、原健三郎氏(故人)の銅像建立を非難する街宣をしてもらった」。私は、その時の念書を見せてもらい、カメラに収めた。

選挙では、自民党の渡辺美智雄氏(故人)、山崎拓氏ら大物代議士が続々応援に駆けつけたが、河辺幸江氏は落選した。

前述の元α日報社会部記者、津田武寛氏によると、α連合は創設当時から、自民党政治家への食い込み、影響力拡大に力を注いでいた。東京のスパイ防止法制定促進国民会議、各地のスパイ防止法制定促進市民会議もα連合が組織したという。教団の信者を自民党右派の国会議員や地方議員の秘書、さらには選挙運動の手足となる運動員として送り込み、「α派議員」を増やそうと躍起になっていたという。その一方で、α教会の裏の仕事、陰の仕事を請け負うのもα連合だった、と津田氏は話した。α連合は、自治省(現在の総務省)に届け出て、認められた政治団体であり、前述のように様々な右翼団体ともつながりを持っていた。

やはり前述の中尾元信氏もα連合の特殊部隊にいたといい、内情に詳しい。同氏は「当時の高谷教会長は、立正佼成会の会長秘書だった人物で、知る人ぞ知る民族派だった。香山α連合理事長や、襲われた田中さんを含めて、α教会・α連合の日本人幹部は生長の家の出身者が目立った。思想的にも右翼や自民党右派と結びつきやすかった」と話している。

裏工作組織

津田氏によると、阪神支局事件が起きた一九八〇年代の前後、α教会は大学生組織のメンバーのうち、優秀な活動家を対象に毎年、「幹部登用試験」を実施していた。教理に関する知識などについての筆記テスト、面接などがあり、毎年、その試験でトップになった者がα教会中枢に入り、成績順にα連合、代議士秘書、地方の教会組織や販売組織などに回されていたという。津田氏は七九年に埼玉大学を卒業した際の幹部登用試験でトップとなり、α教会本部の広報局に入った。上司の広報局長が田中氏で、以後、田中氏のα日報入社に合わせて、津田氏もα日報記者になり、一連の事件に巻き込まれることになった。

それはともかく、広報局入りした津田氏は間もなく、中央の「対策委員会」のメンバーになった。週一回、α教会の組織の各部門から実務責任者が集まり、教団に敵対する動きなどへの対処を協議する機関で、α連合からは清元正文氏(仮名)、物品販売などに携わる経済部門からは村井謙二氏(仮名)、さらに学生組織のα研究会の会長らほぼ全員が三〇歳代後半の७人がメンバーだった。二〇歳代の津田氏は最年少だったが、広報局が大きな力を持っていることもあって、対策委員会の事務局を務め、会議では議事進行役をしていた。議長はα教会の総務部長が務めていた。津田氏は、この対策会議を通じてα教会が様々な「裏工作」に手を染めていることを知った。そうした裏工作を具体的に実行する組織・人員を持っていたのは、政治団体のα連合であることも知ったという。

「対策委員会の中で、陰の仕事をしていたのが清元氏で、清元氏の下にいた川田政司氏(仮名)が裏工作、つまりは謀略を任務にしていた。このため、川田氏が率いる組織は「川田機関」とも呼ばれていた。謀略を緻密に計画し、大胆に実行できるのは、やはりα連合にいた佐合哲二氏(仮名)だと思う。佐合氏は元新左翼の革マル派の活動家で、頭脳明晰で知略に長けていた。佐合氏の下には、後に広報部長となった小山章氏(仮名)もいた。小山氏は早稲田の民青(共産党系の学生組織、日本民主青年同盟)の出身だった」

津田氏によると、川田機関は東北地方の「α運動被害者の父母の会」を潰すために、被害者を装った人物を潜り込ませ、会員にならせた。そのうえで、この会員の働きかけで幹部の男性を金で籠絡して内紛を起こさせ、やがて会を分裂させたのだという。清元氏の指示を受け、川田氏に「工作資金」を渡すのも津田氏の仕事だったという。津田氏はこう話した。

「川田機関は、ばれた時に備えてα教会とは別のところに組織を作っていた。様々な謀略ごとに別々の組織をつくったり壊したりしていた。ただし、川田機関は暴力には手を染めていなかったというのが、当時の私の認識だった」

阪神支局襲撃事件が公訴時効を迎える直前の二〇〇二年春、取材班のV記者とI記者が清元正文氏、佐合哲二氏、やはりα連合の総務部長だった中森武治氏(仮名)に接触して、α連合の裏組織などについて話を聞いた。当時、清元氏はα教会の信者だったが、佐合、中森両氏は教団を抜けていたという。

「跳ね上がりがいたとしても、おかしくはない」――元幹部との一問一答①

清元氏には横浜市内の自宅前で会った。一問一答は以下の通り。

「阪神支局襲撃事件を知った時、どんな感じを持ったか?」(V記者)

「一五年前ですから、感想と言われても、だいぶ風化しちゃってですね。ただ、あの時、うちが何だかんだと叩かれたことは、いろいろ印象があります」(清元氏)

「朝日新聞によって?」(V記者)

「そうです。だから、そういうことに関しては、我々としては心外というか、そういう感じを受けたけれども、それ以外では、これと言って……」(清元氏)

「心外とおっしゃるのは、当時の朝日新聞の報道が心外だと」(V記者)

「我々の目から見て、こちらと割合近かったのは産経新聞、その次が読売ぐらいで、毎日新聞、東京新聞にしても、心外な思いは変わらないので、特に朝日新聞に対して、という感じはそんなに強くなかったですね」(清元氏)

「八六年末から八七年初めにかけ、α連合の街宣車が朝日新聞東京本社に連日来てましたが」(V記者)

「私が最初の、六八年に発足当時の遊説隊長で、街宣をしていましたから、(後輩たちも)愛国心に燃えてやっているな、と思っていました」(清元氏)

「阪神支局襲撃事件は五月に公訴時効になります」(V記者)

「ああ、そうですね。だから、本当に早く犯人が捕まって欲しい。じゃないと、我々自体も汚名が晴れないというのがありますよね。はっきり言って」(清元氏)

「清元さんの目から見ると、どんな動機が考えられますか?」(V記者)

「まあ、あの、極端な狭い意味での民族的、愛国的な考えを持つ人の部類でしょうね。そう感じていますよね」(清元氏)

「当時、犯行声明文も出ましたが、あの行動は共感できないと」(V記者)

「そりゃそうですよ。我々も思想団体ですから、思想戦としてやるのは当たり前のことですから。それ以外の武力ということに関しては、絶対に問題解決のためになりませんしね」(清元氏)

「過ちを犯している人に対して、話をしてもわかってもらえない時に、ある行動を起こして、それが神の側からの崇高なものであれば、やむをえないんだという趣旨の議論が、α連合やα教会の中にあったのでは？」(V記者)

「いや、一〇〇パーセントありません。なぜなら、α連合の母体はα先生(教祖)の思想ですから。その教えの根幹というのは、相手のために生きる、相手の犠牲になって、敵を愛するという思想ですから。その教えは、もう徹底しているんですから。まあ、個人において至らない者がいるとすれば、それはわかりません。教理の浸透度合いによってですね、一〇〇パーセントそこに到達するというわけではありません。だから若者において……」(清元氏)

「跳ね上がり？ですか」(V記者)

「だから、跳ね上がりがいたとしても、おかしくはないと思いますよね。ただ、それがα教会、α連合の本意では絶対ないということです」(清元氏)

「七〇年代後半、清元さんの下で特殊部隊が作られたと思いますが」(V記者)

「特殊部隊って何でしょう」(清元氏)

「名称はよく分かりませんが、たとえば諜報活動とか。公然ではない、いろいろな情報活動、今の国の動きをウオッチングするとか」(V記者)

「それなら私も関係していました。やっぱり国を変えるということは、政治家を変えなきゃいけないということですから。そのために、具体的に政治家に秘書を送り込むとか、それを通して政治家に対して、要するにα教祖の思想を啓蒙するということは一貫してやってきました。そのための勉強会もやりまし

た」(清元氏)

「そういう部分と、たとえば正道術で肉体的な鍛錬もなさっていた」(V記者)

「ええ、そうですね」(清元氏)

「そこに、自衛隊との関係とか、軍事的な部分、何がしかの軍事訓練とか、そういうものもあったんですか?」(V記者)

「軍事的な訓練ではなく、体験をするということはやりました」(清元氏)

「自衛隊への体験入隊ということですか?」(V記者)

「そうですね。日本だけが徴兵制がないし、青年を訓練する場所がないし。ということで、やっぱりああいう規律のあるところで。東富士とか市ヶ谷じゃなくて、朝霞の基地でも何回かやりました。全部、心身の訓練ですね」(清元氏)

「その発案をしたのは、清元さんでしたか?」(V記者)

「香山誠二理事長です。私は当時、α連合の事務総長でしたから」(清元氏)

「八三年にα日報の占拠事件と、その後の田中さんが刺された時、清元さんはα連合におられましたか?　どう見られましたか?」(V記者)

「α連合には八五年までいましたから、その時代の事件ですね。私も田中氏とは親しい、長い付き合いでしたから、本当にびっくりしました。あれも、まだ未解決ですよね。あの時も、我々も疑われて。だから、内部をずっとやってみたけれども、全然それがなかった」(清元氏)

「調査してみたと?」(V記者)

「そりゃそうですよ。あれだけ言われた、叩かれたわけですから。あれは、でも、どうなったんですかね？」（清元氏）
「未解決のまま公訴時効になりました」（Ｖ記者）
「ああいう事件がうちの内部に起こるということ自体、信じられなかったですね」（清元氏）
「何人かの方からお話を伺ったが、α教会の内部に確執があったんではないかとの見方が多いですね」（Ｖ記者）
「それはもう、たくさんの人がそういう思いを持っていました。私も、田中は何やってんだろうと思っていましたよ。ただ、そう思っているのと、具体的にああいう形でやるのとは、全然別個の問題なんだけど、私にはよく分からない」（清元氏）
「特殊部隊の話に戻りますが、高谷教会長の直轄で、清元さんが全体を取りまとめて、非常に限られたメンバーで、その人たちは教会の籍も抜けて、名前も消して集まったと聞いているんですが」（Ｖ記者）
「いや、ちょっと待ってください。その話、私は認識が違います」（清元氏）
「我々は、長い間取材をしてきて、おたくの組織の中でそういう仕事ができるのは、力量というか、人格というか、清元さんしかいないという認識です」（Ｖ記者）
「そのことに関して、ちょっと、分からないですね。私に力量があるかどうかは別にして、高谷教会長と一緒に、特に自民党に対する、議員の先生方の啓蒙というか、そういったことは、よくやっていました」（清元氏）

「危ないところがあったと思う」——元幹部との一問一答②

α連合の元総務部長の中森武治氏には、V記者が電話取材した。

「清元氏に取材した結果では、α連合が政治家への秘書送り込みや自衛隊への体験入隊をしていたことは認めたが、秘密の特殊部隊に関しては全否定でした」(V記者)

「秘密部隊を彼が指導していたのは間違いない。国会議員に秘書を送り込んでいたのは別の女性幹部で、清元氏は直接は関わっていないはずだ。清元氏は香山理事長から任されて、裏部隊のメンバーを使っていた。彼らには婚約者にも、家族にも、居場所を連絡させなかった。正道術もさせていた。私が総務部長だった頃、実は清元氏の裏部隊を半年ほど預かったことがあった。彼らと一緒に韓国へ行き、韓国と北朝鮮を隔てた三八度線や、α教会が構想した日韓トンネルの予定地とかを見に行ったこともある。あの旅には、(北朝鮮の日本人妻の里帰り運動を指導していた)中井恵美子氏(仮名)も同行していた。その頃、裏部隊は二〇人ぐらいで、二〇歳代前半の若いメンバーが中心だった」(中森氏)

「どんな人たちが秘密部隊に選ばれたのか?」(V記者)

「それぞれの部署から選抜されてくる。各部署は優秀な人材を出したがらないから、それほど優秀な人材というわけではなかったかもしれない」(中森氏)

「あなたの知る範囲で、秘密部隊はどんなことをしていたのか?」(V記者)

「半年ほど秘密部隊を預かった時は、都内の荒川区か墨田区か、あのあたりの一軒家で集団生活をしていた。対北朝鮮や朝鮮総連に関する調査をしていた。私は他の仕事も抱えていて忙しかったので、夕方彼らのところへ行って報告を受けていた。調査結果をもとに具体的な行動に出る、というところまではできていなかった。調査はまだ初歩的な段階だったと思う」(中森氏)

「対北朝鮮問題や朝鮮総連に関する調査とは、どんな内容か?」(V記者)

「中井恵美子氏がやっていた北朝鮮の日本人妻里帰り運動にも関わったという記憶がある。(北朝鮮の)万景峰号の事で新潟にも行った。これらの仕事は、以前には川田政司氏(仮名)がやっていた案件だった。川田氏は探偵の学校まで通って、探偵みたいな諜報的な仕事をしていた」(中森氏)

「ところで、清元氏があなた方に会って、話をした理由は、疑惑をはっきり否定して組織を防衛するためだったのだろうと思う。α教会は、「これが神の御心だ」と思い込んで殺人までやりかねない危ないところがあったと思う。オウム真理教のポアに近い論理がある。昔、α教祖は「殺人、麻薬、売春はどんなことがあってもやってはいけない」と言っていたが、それもなし崩しになってしまったのかもしれない」(中森氏)

「あなたが秘密部隊を預かった時期、非合法活動はさせなかった?」(V記者)

「させなかった。秘密部隊ができたのは七六年ごろ。当初は裏の活動といっても、たとえば殺人まではやっていなかった。しかし、その後どうなったのか分からない。私は七九年にα連合を離れている。八三年にα日報占拠事件、八四年に田中氏の襲撃事件が起きた時は、(上層部から、信仰心などに問題があるとされて)初心に帰るためと称して名古屋市内にあった修練所に入れられていた。しかし、田中氏が襲われた事件については、α連合の香山理事長らが関わっていると思う。あの事件は、α教祖の命令で行われたも

のだと思うからだ」(中森氏)

「末端の信者が暴発した可能性までは分からない」——元幹部との一問一答③

佐合哲二氏には、やはりＶ記者とＩ記者が川崎市宮前区の自宅前で会った。

「一九八七年五月三日に起きた阪神支局襲撃事件をどう思われますか？」(Ｖ記者)

「私の方は、一切コメントしないことになっていますから。立場も離れているから、コメントはしません」(佐合氏)

「当時……」(Ｖ記者)

「いや、当時だって。全然もう、一切関係ないから」(佐合氏)

「組織を抜けられた？」(Ｖ記者)

「そう、組織を抜けているから。だから立場上話せない。私の信念から、コメントしないことになっているから」(佐合氏)

「今はα連合を離れて……」(Ｖ記者)

「一切離れています。聞いてもらったら分かります。私はリタイアしているから。だから他の人に聞いてください」(佐合氏)

「佐合さんから見て、朝日新聞の事件はこういうことじゃないかという話を聞ければと思うんですが」

（Ｖ記者）
「私も全然そういうことはなかったもので、関心なかったもんね」（佐合氏）
「スパイ防止法の問題で、かなり朝日新聞と」（Ｖ記者）
「いやいや、しかし、あそこまでやることはないもんね。現実に」（佐合氏）
「α連合の皆さんは相当力を入れて、対朝日ということでは」（Ｖ記者）
「しかし、根本的に違うよ。だからもう、コメントしませんから」（佐合氏）

二〇〇二年の取材時、佐合氏は「α教会から抜けている」と自身で打ち明けたにもかかわらず、ほとんど何も話そうとしなかった。生活のどこかでα教会とまだ繋がっていたためかもしれない。私は、そう考えた。いずれにしても、佐合氏はα連合の理論誌の編集長を長年務めるなど、理論的指導者で、知略にも長けていたといわれるキーパーソンだった。私も会おうと思い、Ｖ記者とともに再度、佐合氏への取材を試みた。佐合氏の自宅マンションの前で帰宅するのを待ち構えて、会うことができた。この時、佐合氏はやや柔軟な姿勢を見せ、一連の朝日新聞事件についての見方をこう語った。

「α連合あるいはα教会が組織として朝日新聞社の事件に関わっていたという事実はない。当時、α連合の中枢にいた人間として、断言できる。ただし、末端の信者が暴発した可能性までは分からない」

α連合の裏部隊、秘密部隊に関わっていた可能性がある元幹部へのインタビューは、ここで終える。佐合氏が朝日新聞の事件への「組織的関与」を明確に否定していることについては、信憑性のある発言のようにも思えた。しかし、その佐合氏も「組織の末端の暴発の可能性」については否定しなかった。当時、

α教会とα連合の組織全体に充満していた「朝日新聞への敵意」は、極めて激しいものだったからだと思う。私たちは各地で、合わせて数十人のα教会からの脱会者に会ったが、脱会を説得した牧師さんたちから「朝日新聞の記者さんに会う事を承知した子は、完全に洗脳から抜けている。洗脳が十分に抜けていない子は、朝日新聞への敵意も残っているからだ」とよく言われた。

最近になって、佐合氏の気になる動向を知った。二〇一二年にα教祖が死去した後、佐合氏が教祖の妻の来日を祈願するため「四十日間の断食」を行ったというのだ。α教会から別の名前に変えた教団のホームページに今もアップされている。私たちが取材した当時、佐合氏が信者であったかどうか、私は自信を持って語ることができない。


阪神支局襲撃事件の公訴時効成立を前にした二〇〇二年春、取材班としてα教会広報部に、改めて事件についての見解を求めた。広報部からは「報道・言論機関に対する暴力を用いた妨害や威嚇はあってはならないことであり、事件には強い憤りを感じております」という回答を得ている。α教会・α連合と事件との関わりについては全否定したうえでの回答だった。

その後、α教会は代表者が度々替わり、組織や活動内容なども変化を続けた。事件当時の教団の暗部がどう引き継がれているのかは不明である。二〇〇三年に一連の事件の時効が成立して一五年。前述したように、α教会は現在、別の名前の教団となっている。二〇一二年にα教祖が死去した後、韓国にある教団本部は教祖の妻が率いるグループと、教祖の三男、七男が率いるグループに三分裂した。日本の教団も、それに連動して三グループに分かれているという。

私は、この章でα教会と関連組織が一連の朝日新聞襲撃事件に関わっていた、と書こうとしたのではない。三〇年間余りの取材で、事件への関わりを示す「物証」を見つけることができなかったのだ。しかし、襲撃事件の取材を通して明らかになってきた、この宗教組織の「暗部」を書くべきだと考えた。教祖の死を機に分裂したという教団について、さらに取材を続けようと思う。

どうしても書かなければならないこと

この章で、どうしても書かなければならないことがある。

阪神支局事件の翌年、八八年の六月初め、襲撃事件の取材を取りまとめている東京本社社会部の遊軍キャップ、T記者(故人)が社会部長に問いただした。社会部長は「すべて話すから、ここだけの話にしてほしい」と言って、最近、広報担当の役員と東京本社編集局の局次長の二人がα日報の香山社長、編集局長、論説委員長らと会食したことを認めた。α日報側からの申し入れを、朝日新聞側のベテランのU編集委員らが仲介したという。最初の宴席は二月か三月ごろにあり、α日報側が費用を持った。その返礼として五月の連休明けに、今度は朝日新聞社側の招待で、宴席が持たれたという。α連合理事長でもあった香山社長は、二回目の五月の宴席に出席した。香山社長は、α日報と朝日新聞が批判し合っている問題について、「もう、手打ちをしようじゃないですか」と持ちかけたという。朝日側は「そんなことを言っても……」と答え、さらに「霊感商法なんか、やめたらどうか。儲からんでしょう」などと話したという。

社会部長はT記者に対して、「社として手打ちした、ということはない」と断言したが、「しかし、相手側はそう言うだろうなあ」とも話したという。このやり取りは、T記者が六月八日付で「取り扱い注意」のメモを作成した。メモには「コピー不可」と書き、私を含めたごく少数の取材班メンバーに見せた。

私は憤懣やるかたない気持ちだった。第一線にいる私たちが懸命に取材している時に、上層部が〝敵〟側と談合をしたのだ。「手打ちをしようじゃないですか」とα日報側は言ったようだが、朝日新聞とα日報は同じ報道機関とはいえ、読者数も信頼度もまったく異なる。α日報の朝日新聞批判の連載が、そんなに怖いのか。そう大声で叫びたい気持ちだった。百歩譲って、広報担当役員が広報対応の一環で会食に応じたのはやむをえなかったとしよう。だが、編集局の幹部が同席したことを、どう説明できるのだろうか。

その後、あの「談合」によって私たちの書いた霊感商法などの記事がボツにされたり、扱いが極端に小さくなったりしたことは、なかった。しかし、紙面への影響はなくとも、社の幹部らが報道機関として決してしてはならないことをしたのだと私は思う。

α日報の一面で連載されていた「最新朝日新聞事情」は八八年四月二五日付の一〇九回をもって終了した。最終回は『AERA《アエラ》』創刊を「左派的紙面からの脱却を目指すもの」と解説し、「左派系雑誌・朝日ジャーナルの廃刊」を示唆する内容で、朝日新聞の広報担当役員が取材に応じている。五月二八日付の「連載を終えて」と題した見開き紙面では、広報担当役員を「すべての問題について、ほとんど一人で(取材に)応じた。延べ時間にして三〇時間以上のインタビューになった。広報担当に大きな権限を持たせ、責任ある人を置いている朝日は、やはり大したものだと思った」と極めて好意的に紹介している。

この連載が終了した後も、「赤報隊」による事件は続いた。α教会・α連合と「赤報隊」が無関係であることを示す「証拠」と見なすことができる。ただし、「赤報隊」の標的は、八八年三月一一日の静岡支局爆破未遂事件を最後に、元リクルート会長宅銃撃(八八年八月一〇日)、愛知韓国人会館放火(九〇年五月一七日)と、朝日新聞社以外に変化していた。なぜ朝日新聞社が攻撃対象から外れたのか。真相を知るのは「赤報隊」のみである。

兵庫県警が作成したα教会・α連合についての捜査報告書がある。B4判で計五八ページ。同県警がα教会・α連合を重要な捜査対象として、様々な情報・資料を集めていたことは明らかだ。全国各地でα教会の信者らが起こした霊感商法絡みの事件やα教会が関係した全国の二六か所の銃砲店についてもページが割かれている。α教会の脱会者からも情報収集しており、朝日新聞社への抗議活動などの記録もある。「α教会重点対象者一覧表」には計二八人の信者、元信者の名前があり、それぞれの所属や活動歴、捜査対象となった理由などがまとめられている。

兵庫県警のほか静岡県警なども二〇〇三年三月に公訴時効が成立するまでα教会・α連合に対する捜査に力を入れた。とはいえ、朝日新聞社襲撃事件の関連で両組織の特定の人物を事情聴取するというところまではいかなかった。

第6章 深まる謎

犯行声明文から読み取れることは？

一連の事件で、犯人側の思想や考え方を探ろうとすれば、計八通送られてきた犯行声明文と脅迫状の内容を分析するのが一番だと思う。第2章で見てきたように、これらの文面を素直に読めば、犯人は右翼的な思想の持ち主ということになる。第5章では、α教会の犯行の可能性についても考えてきたが、天皇を奉じ、皇室を重んじる右翼と、韓国発祥の新興宗教団体であるα教会とは思想的に相容れない。とりわけ、赤報隊が最後に起こした愛知韓国人会館放火事件では、犯行声明文の中で「反日韓国を処罰する」「反日的な在日韓国人を処刑する」とまで書いており、α教会の犯行の場合、果たしてそこまで書くのだろうか、という大きな疑問がわいてくる。

α教会の犯行の可能性を考える場合、朝日新聞、『朝日ジャーナル』による霊感商法批判やα運動批判が、生命線である経済活動に深刻な影響を及ぼし、生き残りのために朝日新聞への攻撃を強めたという見方が成り立つ。しかし、宗教組織がそこまでするだろうか、という疑問への答えは用意されていない。

α教会を日頃から取材してきた同僚の記者たちの中には、謀略に長けたα教会が右翼を装うことなどは簡単にできることなのではないか、との見方をする者もいる。元信者らに聞いても、「赤報隊が韓国や在日韓国人を処刑するという犯行声明を送ってきたのですか。α教会は韓国で生まれた宗教ですから、普通に考えれば、在日韓国人を処刑するなんて書くはずがない。でも、そう思わせることでα教会の犯行説を打ち消す効果がありますね。でも、真相は分かりませんね」との答えが返ってきた。

繰り返して述べてきたように、赤報隊による一連の事件とα教会を結びつける証拠はない。計八通の犯行声明文、脅迫状にα教会の思想・宗教的信条を匂わせる文言はない。頻繁に登場した「反日分子」という文言が無機質で、日本の右翼の心情に合わないとの意見を述べた右翼活動家もいたが、それがα教会・α連合に特有の文言という訳ではない。散弾銃や時限爆破装置などが使われた一連の犯行形態も、α教会・α連合に直接結びつくものではない。α教会は各地で銃砲店や射撃場を展開していた。だが、それについて宗教団体のあり方として批判があったとしても、それを根拠に赤報隊の正体をα教会に結びつけることはできない。

深い霧

約三〇年前、α教会・α連合が朝日新聞社、『朝日ジャーナル』と緊張関係にあったことは事実だし、多くのα教会信者たちが朝日新聞への憎悪の思いを募らせていたことを示す「証拠」も次々に明らかになった。しかし、前章で私が書いたのは、そこまでであり、その先を推測して筆を進めることは、しなかった。警察は、一連の朝日新聞社襲撃事件の関連でα教会・α連合を捜査対象にしていた。捜査報告書にも、その記載があり、容疑線上に浮かんでは消えた二八人の不審人物リストまで作成していたが、その捜査に結論を出すことができないまま公訴時効の日を迎えた。α教会・α連合と朝日新聞社襲撃事件が何らかの形でかかわっていると仮定した場合でも、そこへの道は深い霧に包まれたままであり、これからも手探りで取材を続けるしかない。

一方、一連の事件を右翼の犯行と見た場合、事件ごとに送りつけられた犯行声明文の内容はいちいち納得できる。とりわけ、静岡支局爆破未遂事件と同時に送りつけられた当時の竹下登首相、中曽根康弘前首相宛ての脅迫状は、靖国神社参拝などを強く迫る文面で、赤報隊を名乗る犯人側の執念めいた思いが感じられる文言が並んでいる。取材に応じた複数の右翼が「犯行声明文は素直に読むべきだ。犯人の本音が素直に書かれていると考えれば、赤報隊の正体にたどり着く」と答えており、「犯人右翼説」は捜査関係者の間でも根強い。しかし、「いったい誰が、これほど大胆で継続的な事件を起こすことができるのか？」という疑問についての答えは、容易には見つからない。東京で活動する新右翼団体「一水会」の幹部は「われわれは、警視庁のマークが厳しくて事件を起こせるわけがない」と話す。関西の新右翼活動家も「一件だけならともかく、連続して八件の事件を、警察の監視の目をくぐり抜けながら起こすことなど、われわれには絶対に不可能だ。残念なことだが」と話していた。

警察の監視の目が届かない右翼活動家ということになると、首都圏や関西圏ではなく、地方在住の一匹狼的な右翼の可能性が浮上してくる。しかし、一連の事件の標的や犯行声明文の内容を考えると、赤報隊は首都圏の右翼陣営の中枢でしか知り得ない「情報」に接している可能性が極めて高い。地方に住む一匹狼的な右翼が、東京・谷中の禅寺「全生庵」で座禅中の中曽根氏を待ち伏せたとか、リクルートコスモスの朝日新聞への広告を問題視するとか、竹下首相を「中曽根よりもまだまし」と評価する犯行声明文や脅迫状を書くことができるのだろうか。そんな疑問が次々に湧いてくるのだ。

結果として、私は関東圏、関西圏の右翼活動家、右翼思想家を中心に取材を続けてきた。彼らの朝日新聞、朝日新聞記者に対する反感、怒り、憎悪の強さには、改めて驚かされた。しかし、彼らはいずれも、事件との関わりについては強く否定した。取材の際、時には激しいやり取りがあったものの、彼らの「潔白」主張を覆すことはできなかった。具体的な証拠を示すこともできなかった。

犯人側はなぜ、阪神支局を襲撃したのか。なぜ、小尻記者を射殺したのか。なぜ、赤報隊と名乗ったのか。なぜ、朝日新聞社の関連施設を攻撃対象に選び続けたのか。そもそもの犯行目的は何だったのか。三〇年間に及ぶ取材にもかかわらず、事件をめぐる謎は何一つ解明できていない。時間の経過とともに、取材対象は広がったが、事件をめぐる闇は深まるばかりである。

赤報隊は結束の固い、二～三人までの少数グループであること。犯行声明文を書いたリーダーは、宗教的な背景の有無はともかく、かなり教養の高い、右翼的心情の持ち主であること。犯行形態、攻撃対象が事件ごとに微妙に変化していったのは、犯人グループが捕まらないことを最優先にしていたためであること。ここまでの推理はおそらく間違っていないと思う。さらに、犯人グループは散弾銃を所持し、手製のピース缶爆弾(時限式爆発物)を作る技術を持ち、約三〇年前に販売が始まって間もなくのワープロを使うことができた。これらの条件を満たす人物、思想グループを今後も時間の許す限り追い続ける。取材を続けている限りは、真相解明のチャンスはある。そう信じるしかない。

第四部

波紋

第7章　捜査と取材

被害者でもあり、取材者でもあった

朝日新聞社は事件の被害者、当事者であり、取材者でもあった。捜査機関との関係は、情報のやり取りをめぐって常に緊張を強いられてきた。大阪社会部、神戸支局、阪神支局は、兵庫県警捜査本部への情報提供の際、被害者の立場で捜査に協力する／殺された小尻記者の取材ノートを含めて各記者の取材ノートや、そのコピーは渡さない／窓口の記者を決め、記事や取材ノートで確認しながら、どんな質問にも丁寧に対応する、などのルールを決め、忠実に実行した。報道機関として「取材源の秘匿」という一線を守りたいという朝日新聞の方針について、兵庫県警も納得し、受け入れてくれた。

ところが、事件発生から一年半後の一九八八年秋、警視庁(東京)の捜査本部が私たち取材班の報告書のコピーを求めてきた。八八年九月に昭和天皇が静養先の那須の御用邸からの帰りに足元がふらつき、皇居で長い治療が始まった頃のことだ。私は東京へ出張していて、「門番」という皇居取材のチームに加えられたのだが、その時、警視庁キャップとサブキャップが私を見つけ、「実は樋田君たちのこれまでの取材報告書をすべてコピーし、警視庁に渡した。事後説明になって申し訳ない。朝日新聞の取材状況を知りたい、との要請に応じざるをえなかった。右翼やα教会について朝日新聞の取材は、われわれ(警視庁)よりも先行している部分があるようだ。捜査の参考にさせていただきたいとのことだった」と打ち明けられた。取材報告書のコピーを捜査機関に渡すなど、通常なら有り得ないことだが、「もう渡してしまった」と言われ、二の句がつげなかった。

この取材報告書のコピーについて、警視庁キャップは「警視庁側は情報管理は厳重にするので、絶対に迷惑はかけないと約束してくれている」と話した。しかし、事実としては極めてずさんな管理となり、われわれの取材報告書が他社の記者、雑誌記者にまで出回ってしまった。

一連の事件が公訴時効となる直前、『週刊文春』が、「戦慄スクープ　朝日銃撃「赤報隊事件」絞り込まれた九人の容疑者　警察庁秘密報告書」という長行の記事を出したが、その多くは私たちが作成した取材報告書からの引用だった。たとえば、C記者が取材したα教会の元信者、福井美知さん(仮名)の証言で「だれかが霊的になって」を、C記者が「だれかが霊的になって(使命感に燃えて)」と補足説明を加えた部分についても、そのまま引用して、「だれかが使命感に燃えてサタン側に立つだれかを撃った場合、それは天的にみたならば当然許される(との幹部の発言)」となっていた。『文春』はα教会の犯行説の根拠として書いているが、そもそも当時、警察は福井さんから事情聴取はしていない。『文春』は本来ならC記者に取材しないと書けないはずだが、「捜査資料によると」という「引用」によって書いていたのだ。

小尻記者が残していた手帳や約七〇冊の取材ノートについても、兵庫県警の捜査員に内容は説明したが、現物は見せていなかった。「取材源の秘匿」という報道機関の原則を守るためだった。しかし、小尻記者の手帳や取材ノートの一部のコピーも九一年春ごろに警視庁の求めに応じて提供された。阪神支局にツテのある警視庁担当の記者が同支局を訪れ、保管してあった取材ノートをまとめてコピーしていったことが、後で分かったのだ。

これも翌九二年の秋、講談社の雑誌『ＶＩＥＷＳ《ヴューズ》』誌上で「小尻記者の取材ノートに重大記述。単独取材で虎の尾を踏む」とおどろおどろしく書かれた。筆者のフリーライターが朝日新聞の警視庁担当記者に見せた取材ノートのコピーの片隅には小さなメモが添付されていて、このメモは警視庁にコピーを手渡す際に、担当記者が万が一の漏洩に備えて付けておいたものだった。『ＶＩＥＷＳ』の記事が出た後、兵庫県警の担当刑事からも「我々も見ていない小尻さんの手帳や取材ノートがなぜ、掲載されたのか」と抗議を受けたが、言い訳できなかった。小尻記者の父親の信克さんからも「なぜ漏出したのか。息子が上司には内緒で危険な取材をしたかのように書かれているが、事実とは思えない。息子の名誉が傷つけられた」と憤慨され、やはり返す言葉がなかった。

警視庁は朝日新聞東京本社に、著名な記者や編集委員らの記事をめぐるトラブルについても詳細な情報提供を求めてきた。南京虐殺などのルポ「中国の旅」を書いた本多勝一編集委員ら有名記者にとどまらず、多くの記者が警察の事情聴取を受けたり、トラブルをめぐるリポートや情報の提供を求められたりした。後日、警察への窓口役を務めた事件発生当時の警視庁キャップは、「警視庁は、こちらが出しても出しても、まだ隠していることがあるのではないのか、と納得してくれなかった。身ぐるみ剝がれたような感じで、ここまでしなきゃいけないのか、と暗澹たる思いだった。しかし、朝日は何か隠しているのではないか、との不信感を抱かせるようなことはできなかった」と苦しかった胸の内を私に打ち明けた。

私自身も、綺麗ごとばかりは言えない。入手した警察の捜査報告書を見ると、「朝日特命班からの情報」という項目が並んでいる。朝日新聞襲撃事件に関して、私たち取材班と警察は、いわば二人三脚で捜査と取材を同時に進めてきた側面があるのだ。

もっと、具体的に言わなければならない。私たちは、犯人の可能性のある人物に次々に会ってきた。犯人についての何らかの情報を持っている可能性のある人物、グループについても次々に取材してきた。取材結果をもとに、こうした人物やグループが犯人である可能性について、真剣に検討した。しかし、最終的なシロクロを付けるのは困難であり、私たちが刑事責任を追及することもできない。このため、二〇〇三年三月にすべての事件の公訴時効が成立するまでは、記者が取材した情報を、ある時点で捜査当局に提供し、捜査当局による事情聴取などに期待して「結果を待つ」という手順を踏まざるを得なかった。警察幹部も私たちに対し、「この事件は朝日さんと二人三脚で捜査を進める」との方針をはっきり示していた。私たちは、事件の被害者、つまり当事者であり、取材者でもあった。この微妙なバランスについて最後まで悩み続けた。

警察側の態度

一方、警察庁は「赤報隊」による一連の事件のうち、一九八八年三月一一日の静岡支局爆破未遂事件と同時に起きた竹下登首相(当時)への脅迫状送付事件については、私たちが取材で突き止めるまで九年間にわたり秘匿していた。竹下首相脅迫と同時に起きた、中曽根康弘前首相への脅迫状送付事件についても、警察庁は秘匿する方針だった。中曽根脅迫については三月一五日、当時の辺津芳次・静岡支局長が静岡県警幹部と話している時、この幹部が「(赤報隊からの手紙は)新聞社だけじゃないんだ。中曽根にも来ている」とふと漏らしたのが端緒となり、政治部などで裏取り取材をした上、翌一六日の朝刊でトップ扱いのスクープ記事となった。

記事が出た翌日の三月一七日、朝日新聞警視庁クラブのキャップが警視庁副総監に取材した夜回りメモが私の手元にある。副総監は、「中曽根脅迫は極秘中の極秘だったのだ。警視庁、群馬県警、警察庁、それに中曽根事務所があるし、どこかから漏れるとは思っていたが、こんなに早く漏れるとは思わなかった」と怒り、嘆いていた。警察は、政権与党政治家、とりわけ首相、元首相に関わる事件については「秘匿方針」をあらかじめ決めていたとしか私には思えない。刑事事件で重要な証拠などが極秘扱いされることは珍しくないし、捜査上の必要からも当然のことだと私は思う。しかし、「赤報隊」による一連の事件では、重要事件であるはずの竹下首相脅迫事件について、その存在自体が「秘匿」されてしまったのだ。竹下首相脅迫については関係府県警にも知らせず、したがって捜査された痕跡すらない。通常はありえないことだ。少なくとも、このことが、兵庫県警など一線の捜査員や我々の取材を混乱させてきたことだけは間違いない。

警察庁幹部の中には、警察が朝日新聞社襲撃事件を捜査していることを、朝日新聞社に恩を売っていると考えている人物がいた。警視庁副総監から大阪府警本部長として赴任してきた人物は、私たちが大阪府警のある不祥事を記事にしようとした際、「朝日新聞には阪神支局事件の捜査や、新聞社の警備などで貸しがある。そのことを踏まえ、記事掲載をやめていただきたい」と真顔で求められた。「承服できかねる」

と言って席を立った直後、地元採用組の幹部が私を追いかけてきて、「朝日さん、今のは本部長の失言です。私たちは市民の安全を確保する立場で、新聞社の警備をしています。決して貸し借りの関係ではありません。どうぞ、記事は書いてください」と話した。この幹部に感謝し、不祥事は翌日の社会面の小さな記事になった。

全国の右翼の取り締まりを統括するのは警察庁の公安二課である。だが、事件のしばらく後、警察庁担当編集委員となっていたL記者の紹介で会った公安二課長(故人)の発言内容はにわかに信じられなかった。「初めに言っておきますが、私は右翼を取り締まり対象とは考えていません。彼らの愛国心、愛国的行動は評価しなければならない。ただ、日教組の大会などで社会ルールから逸脱する行動をすることが時折あるので、その時は彼らを善導してやるのが警察の任務です」

その後の取材で、この公安二課長には各地の右翼の中で心酔者がいることが分かった。「課長は、日教組大会の警備に向かう際は、斎戒沐浴し、真新しい下帯を身につけて家を出られると聞いている」「課長から連絡があったら、何をさておいても警察庁に出向きます」などの声を、東京の複数の右翼団体幹部から直接聞いた。これらの話が事実かどうか、公安二課長本人に確かめてはいない。しかし、右翼側からこうした声が出ること自体、問題だったと思う。「かつての警察と右翼の麗しい関係を残す最後の幹部」と評価する右翼活動家もいた。そのことは、とりもなおさず、当時の捜査機関と右翼の、ある種の癒着関係を示すものだったのではないか。

「書かざる記者」の苦悩

取材をめぐる葛藤や悩みについても触れておきたい。

私は約三〇年前の阪神支局襲撃事件の直後から、この事件の取材にかかわってきた。当初は「特命班」の名で呼ばれた数人の事件専従取材チームで、担当デスクから「お前たちは記事は書くな。刑事のように動いて、犯人を見つけろ」と指示された。

最初の三年間は各地で「赤報隊」による事件が続いたこともあり、阪神支局の四階会議室を拠点に各地を転戦しながら、連日連夜取材を続けた。

しかし、記者にとって、原稿を書くこともストレスを伴うが、書かないことはもっとストレスになる。「書かざる記者　書くは報告書ばかりなり」という戯れ歌が書かれた紙が取材班の机の上に置かれていた時は、さすがにショックを受け、メンバーで悩みを話し合った。字の形などから、書いた記者についておよその見当はつけられたが、もちろん追及することは控えた。

書かざる記者たちにとって、毎年五月の憲法記念日前後と一〇月の新聞週間前後に企画された言論をめぐる連載記事「「みる　きく　はなす」は　いま」は、貴重な「書く場所」だった。私も第一部（一九八七年秋）から第七部（一九九一年秋）までほぼ欠かさず参加している。とくに第七部は「太平洋戦争への道　朝日新聞」とのタイトルで、大正デモクラシーの時代に軍縮・リベラル派の旗手だった朝日新聞が、一九三一年（昭和六年）九月一八日の満州事変勃発を機に軍部に迎合する紙面に変質し、戦争体制に組み込まれてゆく過程を追いかけた。

私は初回の「転換　圧力受け「満州国」支持」を担当。当時の大阪朝日新聞社の高原操・編集局長の九月一九日付の業務日誌に「軍部の数年来の計画遂行に入ったものと直覚。(しかし、事変の原因は中国側にあるとの情報に)これを肯定の外なし。対外的関係重視の必要上、全部を信じ……」と書かれていることなどをもとに、軍部や右翼、在郷軍人会による不買運動などの圧力を受けて、社論が大きく転換された経緯を書いた。方針転換について、高原編集局長は「今は潮待ちの時」と説明、中堅記者から「事変が英米を刺激し、世界戦争に拡大する危険がある」と反論を受け、答えに窮した場面があったとの社内記録も付記した。

連載が始まると、編集担当の役員から「自虐的だ」と批判され、取材チームは一時、「A級戦犯」と社内で呼ばれた。取材チームを率いたT記者、C記者、X記者が手分けして連日、編集担当役員や編集局幹部と「談判」し、当初予定のまま連載を続けた。

社外からは、「報道機関としては初めて、戦前の体制を自己検証する取り組み」と評価が高かった。私が書いた初回の記事について、東京都杉並区に住む在日韓国人女性の栄貞淑さんから「日本の良識を見出すことができ、本当にうれしく思いました。初回の記事を目にした時は、思わず体が震えました。すごい、えらいと思いました」「この記事を企画されたこともさることながら、記事に登場された皆様の勇気をたたえたいと思います。いろいろ辛いこともあられるのではないかと推察しますが、多くの日本人、そして私のような在日韓国人を含む外国人に対しても、当時のことを明らかにされた意義は大きいものでした」とのお手紙をいただいた。私の記者生活の中で数少ない勲章だと思っている。

私たちが取り組んだ「太平洋戦争への道　朝日新聞」は、一六年の歳月を経て二〇〇七年四月から一年間続いた長期連載企画「新聞と戦争」に引き継がれ、単行本になった。そのことも、私としてはささやかな誇りである。

第8章 現在、過去、そして未来

「死ね、死ね、死ね」

二〇一四年以降、毎年五月三日に阪神支局の前で起きていること――。阪神支局事件から三〇年を経た「今」を語るにあたり、この報告から始めたい。

二〇一四年五月三日午後三時三〇分、阪神支局の前の路上に街宣車が止まった。若者たちは「在特会（在日特権を許さない市民の会）関西チーム」を名乗っていた。拡声機を使って交代で演説し、竹竿の幟《のぼり》を小脇に抱え込んで、「赤報隊」が小尻記者を射殺した際に使用した散弾銃のように「銃口」を支局に向ける仕草を繰り返す。朝日新聞社側が録音した「演説の内容」を以下に書き出してみる。

「我々は赤報隊の行動を、義挙だとはっきり支持する立場で街宣を行う」

「小尻知博は殺されて当然。ざまあみろ」

「犠牲者は一匹だけでは足りない。百匹、千匹のゴキブリを殺す。必ず血祭りにあげる。朝日を地上から抹殺する」

「朝日新聞を必ず潰す。これは脅迫。はっきり言って恫喝だよ」

「朝日を叩き潰せ。朝日記者は死ね、死ね、死ね」

在特会メンバーらは、朝日新聞社と阪神支局に対して、聞くに堪えない罵詈雑言を二時間にわたって浴びせ続けた。ヘイトスピーチそのものに思えるが、攻撃対象が外国人や在日の人たちではないので、民族差別を前提としたヘイトスピーチ対策法は適用されない。阪神支局は「市民に開かれた施設」とするため、襲撃事件後も昼間は入り口の鍵をかけていなかった。だが、この「ヘイトスピーチ」のマガマガしさに支局の庶務係のアルバイト女性が泣き出してしまったこともあり、昼間も鍵をかけるようになった。五月三日の在特会系のメンバーらによる街宣は、以降も恒例行事のように続いている。

一方、朝日新聞東京本社と大阪本社の前でも、週五日ないし三日、在特会とは別のグループが朝日新聞社に対してやはり罵詈雑言を浴びせている。このうち大阪本社の前の路上では、毎回ほぼ同じメンバーが「朝日新聞　不買」と書かれたゼッケンなどを身につけ、ハンドマイクで判で押したように、同じ内容の話をしている。

「いいですか、皆さん。南京虐殺なんてなかったんです。目撃者なんか誰もいないんです。それを、あったかのようにデッチ上げ記事を書いたのが朝日新聞なんです。朝日新聞なんていらない。今すぐにでも、なくなってほしい。朝日新聞がなくなれば、日本は良くなる」

戦後七三年間が過ぎた。この七三年間には、私も取材に加わったグリコ森永事件をはじめ、いくつもの未解決の重大事件があるが、その中で最も深刻な影響を社会に残しているのが、「赤報隊」による一連の事件ではないのかと思う。事件が未解決であること、それ自体が、社会を不安定にさせているように思う。二〇〇三年に一連の事件のすべてについて公訴時効が成立し、刑事責任の追及が不可能となった際、取材先の右翼がこう語った。

「われわれにとって、捕まらないまま逃げおおせた赤報隊はまさに好都合だ。記事や言動次第では、赤報隊が再び動き出すぞ、という無言の圧力をかけ、今後も社会の重しの役割を果たしていくのだ」

私が定期的に会っている右翼団体・大日本赤誠会の代表、笠原正敏氏(65)は「阪神支局事件のころ、北方領土返還、尖閣諸島上陸、日教組粉砕、押し付け憲法拒否などと言っているのは、われわれ右翼と一部の保守政治家だけだった。それが今では、普通の人たちが当たり前のように話題にしている」と話している。「赤報隊」の犯行声明文の底に流れる戦後体制否定・戦前回帰の思想も、安倍首相が唱える「戦後レジームからの脱却」と直結しているように思える。「赤報隊」が犯行声明文で頻繁に用いた「反日」という言葉は事件当時、耳慣れない言葉だった。だが、現在はネット上で在日韓国人らを罵倒する用語として飛び交い、ヘイトスピーチ・デモで使われる「スローガン」にもなっている。

尾を引く「二〇一四年」問題

二〇一四年夏から秋にかけて、朝日新聞の「従軍慰安婦」「福島第一原発事故時の避難」の報道をめぐり、一部の新聞や週刊誌、雑誌などによる激しい朝日新聞バッシングが続き、書店には朝日新聞批判本のコーナーまでできた。朝日新聞社の広報部には連日、読者などからの苦情電話が殺到した。新聞の販売部数も減少し、長年の読者の離反も相次いだ。広告を取りやめる大手企業もあり、経営環境が一気に厳しくなった。社長が交代し、若い経営陣のもとで経営改革の取り組みが続いている。

約三〇年前、一連の襲撃事件が起きた一九八〇年代後半の時点で八〇〇万部の安定販売部数を維持していた朝日新聞の紙面は、読者からの信頼も篤く、間違いなく社会への影響力を持っていた。「赤報隊」が中曽根、竹下両氏宛ての脅迫状で求めた首相の靖国神社参拝について、朝日新聞は紙面で強く自制を求めた。当時の中曽根首相は八五年八月に参拝したあと、中国・韓国の批判もあり、八六年以降は断念。次の竹下首相も参拝しなかった。「日本を守る国民会議」が編纂した高校教科書『新編日本史』の南京虐殺などをめぐる記述について、朝日新聞は「修正」を求め、中曽根政権も「近隣諸国(への配慮)条項」という検定基準を根拠に「修正」に踏み切った。やはり中曽根首相が推し進めた国家秘密法についても、朝日新聞は反対の大キャンペーンを展開した。同法案は国会に上程されたものの、廃案となった。

現状はどうか。靖国神社参拝については、中国・韓国の激しい批判の中、安倍首相が二〇一三年一二月に参拝に踏み切った。その後も、春秋の例大祭で安倍首相名の榊などの奉納が続いている。教科書の検定基準「近隣諸国条項」は有名無実化しており、たとえば竹島・尖閣諸島の領有権についても、韓国・中国の猛反対の中で、すべての中学校用社会科教科書に掲載されるようになった。国家秘密法から名前を変えた「特定秘密保護法」は二〇一三年、与党勢力が三分の二を占める国会であっさり成立した。朝日新聞は社説などで「反対」の立場を明らかにしたが、キャンペーンと呼べるような紙面展開はできなかった。

朝日新聞を含めたリベラル派の新聞の影響力が相対的に弱まり、読売新聞など保守的論調の新聞が政権や世論への影響力を強めている。背景には、この三〇年間に進んだ社会の保守化、右傾化があると思うが、朝日新聞に関しては二〇一四年夏の紙面上の不祥事を機に長く続いた「朝日新聞バッシング」の後遺症もまだ残っているように思う。朝日新聞の販売部数も、新聞業界全体の構造的な衰退の中とはいえ、六〇〇万部台に減っている。

安倍政権の中枢に多数の議員やスタッフを送り込んでいる「日本会議」の存在もやはり無視できない。その前身の「日本を守る国民会議」は三七年前の一九八一年一〇月二七日に結成され、中曽根政権下で高校教科書『新編日本史』の編纂に深く関わった。保守論壇の学者や経済人、芸術家、宗教人らを集めた組織で、私の手元にある「日本を守る国民会議結成式プログラム」によると、開会の挨拶は結成準備委員長だった作曲家の黛敏郎氏(故人)、閉会前の万歳三唱は明治神宮名誉宮司の伊達巽氏。結成式宣言には「日本を守る三つの提言」を行うとして、①日本は日本人の手で守ろう、②教育を日本の伝統の上にうちたてよう、③憲法を大胆に検討しよう、と書かれていた。③の憲法については「積極的且つ大胆な憲法の再検討を行い、以て新たな国づくりをめざす」とあり、「改憲」を明確に志向していた。

「日本を守る国民会議」と七四年創立の「日本を守る会」という二つの組織を母体に九七年五月に結成された「日本会議」は、さらに幅広く各界から人材を集めた。論壇右翼、議員右翼、宗教右翼の集合体のような存在で、ほぼ同時に結成された「日本会議国会議員懇談会」には自民党を中心に二〇〇人余りの国会議員が参加した。憲法改正、伝統教育の復活、伝統的家族の復活などを課題に掲げ、日本政治を方向付けしかねない影響力を持ちつつある。

風化と萎縮に抗して

かつて襲撃事件の取材班メンバーとして、「熱い時間」を共にした後輩記者たち。私が絶大な信頼を寄せていた仲間たちは今、どんな思いで仕事をしているのだろうか。

果敢な取材力を発揮していた記者は、こんなコメントを寄せた。

「記者になったころは、多くの仲間が戦争に加担するつもりはない、暴力には屈しない、という志を共有していると思っていた。自分自身は変わっていないつもりだが、すべての仲間と思いを共有できているかどうか、疑問を感じることが増えた。少し前、私が書いた原稿の中で、数か所、近代日本の負の歴史に触れた部分を担当デスクが理由も言わず削ろうとしたので、話し合って残してもらったことがあった。原稿の中の「虐殺」という言葉に紙面編集の担当者からクレームがついた経験を持つ同僚がいる。

慰安婦問題をめぐる過去の記事で週刊誌やネット右翼の標的にされた元記者の植村隆さんを、社として積極的に守ろうとする姿勢が見られなかったことも極めて残念だった。萎縮せず書くべきことを書く、という建前と裏腹に、批判を招く記事を載せたくない、面倒な問題に巻き込まれたくないという意識がじわじわと広がっているように感じる。自分は何のために記者になったのか、いま何をすべきなのか。一人ひとりが自分の頭で苦しみながら考え、読者、市民、同僚たちと議論することから、本当の再生が始まると思う。尊敬する記者たちが身を削りながら書いたであろういくつかの記事に叱咤激励される思いがする。そこにかすかな光明を見る」

かつて取材班に入る際、家族に「自分にどんなことが起きるかも知れないので覚悟してくれ」と話した記者は、こう書いてきた。

「最近の右傾化の流れを見ていると、小尻さんの死が何だったのかを考えさせられる。小尻さんの死を無駄にしてしまったのではないかという後悔の気持ちである。私は一九九六年九月から九七年五月三日まで、事件発生から一〇年の節目に向けて、取材班として専従した。事件発生当時の資料や先輩たちの取材メモを頼りに、まるで刑事のように犯人を追った。取材の過程で、先輩たちの取材メモでは、「犯人は許されない」と話していた右翼関係者が「赤報隊は正しい」などと平気で言うのを聞き、事件から一〇年にして風化が進んでいると肌で感じていた。

今から思えば、私たちの取材班が解散した同じ月、一九九七年五月に日本会議が設立された。それから二一年。彼らの地道とも言える活動が日本の右傾化の原動力になっていった。いま、戦前に似た全体主義的な雰囲気が日本社会に充満しつつあるように思える。

事件を追うということは、こういう社会の変化に気づくということのはずだ。しかし、私たちは見逃していた。新しい歴史教科書をつくる会の運動、男女共同参画基本法成立後の各地でのバックラッシュ（反動）、NHK番組改変問題でのNHKへの圧力、ネット上のヘイト書き込みや、路上でのヘイトスピーチ。これらの現象面だけを見ていて、本質を見ていなかった。日本会議が注目されるようになったのは二〇一六年になってからだ。それまで右傾化の運動やネット上での言説を軽視し過ぎた。

朝日新聞は二〇一四年の慰安婦問題を含む一連の不祥事で萎縮したと思う。それが右派勢力の狙いだったわけで、まんまと引っかかったのだ。森友学園や加計学園の問題では朝日は少し元気を取り戻した。不祥事の教訓は萎縮することではなく、しっかりと事実を固めた上で、はっきりと発言することだ。小尻さんの死が私たちに伝えてくれたのは、議論することの大切さだと思う。議論なしで、無言で銃口を向ける行為は卑劣である。私たちがしなければならないことは、小尻さんの意思を受け継ぎ、社会の問題を丁寧に拾い上げ、問題点を指摘し、議論を広げていくことだと思う」

冷静な取材が持ち味だった記者は、こう書く。

「事件現場の阪神支局で、血糊のついたブルゾンや、散弾がめり込んだペンを前にすれば、記者という仕事が命すら狙われる現実を、今も否応なく実感させられる。だが、この犠牲から学ぶべき教訓が、社会と共有されているとは必ずしも言えなくなっている。事件から一〇年、二〇年の節目の時点では、記憶が遠のき、世間から忘れ去られることを、私たちは恐れた。その後、あろうことか、「朝日は襲われて当然だ」「朝日にもっと犠牲を」といった賛同の言説が出ていることには、憤りを通り越して、悲しくすらなる。

事件から三〇年を経て、歴史修正主義の台頭と歩を合わせるように、排外的で断定調の物言いが、人々の心を捉え始めている。心地よいナショナリズムに浸り、他民族や異論を持つ人を罵倒し、勝ち誇ったように溜飲を下げる。退廃した、愚かな態度が社会に蔓延し始めていると思う。

自由に意見を言い、他者の異論にも耳を傾ける「言葉のやり取り」が、ふつうの生活にどれほど重要かを認識し、守っていくことが、何よりも大切だ。声を上げずにいるうちに、いつの間にか世の中は変わっている。だから、黙ってはならない。あの銃口は自分に突きつけられたと捉え、事件の意味を問い続ける。朝日の記者だけでなく、すべてのジャーナリストの責務だと思う」

地方の総局に赴任している記者は、以下のコメントを送ってきた。

「朝日新聞が厳しい批判、攻撃にさらされる時代がやがて来るであろうことは、襲撃事件の取材をしていた頃から、ある程度、予測できていた。そんな時代になっても、決してひるんではいけない、むしろ、そういう状況になった時こそ、記者の真価が問われるのだと思っていた。

しかし、現実に自分たちが激しい批判にさらされてみると、それが頭で考えていたほど簡単なものではなかったと感じている。記者一人ひとりが萎縮しているとは思わない。しかし、この空気の中で日々取材し、原稿を書くことは、とても重苦しいものになっているのではないか、と思っている。

これから私たちを待っているものは、もっともっと厳しい時代だと思う。本当にこの仕事を続けていく覚悟ができているのか。一人ひとりが問われているように思う。時効を前に襲撃事件をどう見るかについて、後藤田正晴さんにインタビューした際、これからの時代は朝日新聞ががんばらなければならないんだ、とハッパをかけられたことを、今になって思い出す。後藤田さんは一六年経った今の時代を見通していたのかなと、ふと考えている」

覚悟と矜持

朝日新聞社では事件発生以来、毎年の新入社員研修で必ず「赤報隊」事件について学ぶ時間を設けてきた。私はほとんどの年の研修で、講師役を務めてきた。約一五年前からは、阪神支局三階の事件資料室で開催している。資料室の一角には、事件当時に使っていたソファーセットが置かれている。私は模造銃を手にソファーの傍らに立ち、「犯人は銃をこう構えていた」と、三〇年前の犯行を再現するようにしてきた。散弾銃で射殺された小尻知博記者の血糊が残るブルゾン、腹部から胸部にかけて蜂の巣状に散弾粒が広がる同記者のX線写真、重傷を負った犬飼兵衛記者のグニャグニャに折れ曲がったボールペンなどの展示物を見せ、事件の意味を伝えている。

毎年、新入社員たちに「君たちの周囲にネット右翼として活動している人物がいる、という人は手を挙げてほしい」と尋ねてきた。例年、二〇パーセントから四〇パーセントが挙手しており、朝日新聞の新入社員たちにとって、ネット右翼は身近な存在になっている。研修後の自由討論や質問の時間でも、「右翼への取材の仕方は？」「朝日新聞の先輩記者たちは赤報隊の暴力・テロとどう向き合ったのか？」「従軍慰安婦問題での朝日新聞の報道批判への対処は？」と様々な疑問が出される。ここ数年、私は阪神支局での研修の最後を、こう締めくくってきた。

「君たちは、かつて赤報隊に襲撃された新聞社に縁あって入ってきた。赤報隊はすべての朝日社員に死刑を言い渡すといい、小尻記者に対して本当に実行した。だから、小尻記者に向けられた銃弾は、われわれ一人ひとりに向けられたものだという言い方もできる。君たちがこれから朝日新聞社で仕事をするということは、赤報隊が再び動き出して、あるいは赤報隊の同調者が動き出して、その標的となる可能性がゼロではない。そのことを心の片隅で覚悟するということだと思う。この厳しい時代に、朝日新聞社というリベラルな報道機関でジャーナリストの第一歩を踏み出すことができるのは、とても幸運なことだ。朝日新聞社の将来は結局のところ、君たちがそれぞれ個人としてどんな仕事をするかにかかっている。強くて、貪欲で、優しい心を持った一匹狼に育ってほしい。今、朝日新聞社は逆境にある。しかし、この逆境こそ、君たちを鍛える。赤報隊に襲撃された新聞社で働くこと、赤報隊を追って懸命な取材を続けた記者が多数いた新聞社で働くことに、覚悟と矜持を持って頑張ってほしい」
覚悟と矜持。この二つが、私を含めてジャーナリストのすべてに問われているのだと思う。

先輩記者らの証言

赤報隊は、一九八七年九月二四日、名古屋本社寮銃撃事件の犯行声明文で「反日朝日は　五十年前にかえれ」と書いてきた。赤報隊が言う「五十年前」は一九三七年。日中戦争勃発の年にあたる。この年、南京虐殺も起きた。私たち朝日新聞社襲撃事件の取材班は、前章で述べたように「「みる　きく　はなす」は　いま」の第七部(一九九一年一〇月)で、太平洋戦争になだれ込んだ戦前の朝日新聞社のことを取り上げた。当時、連載の周辺取材のため、手分けして朝日新聞の先輩記者らに会った。私は、戦時中、論説委員をしていた広岡知男氏(故人。戦後、社長も務める)、京城(現在のソウル)特派員だった平松儀松氏(故人)らに会った。

広岡氏に取材した際の私のメモには、こうある。

「(当時は)社説の欄があるから社説を書くといった状況で、戦争の是非を問う論陣を張るような雰囲気はまったくなかった。本当のことを書けないのだから、正直言って僕も書く意欲はなく、論説委員室では真剣な議論もなかった。本当に無力だったのだから、どうしようもない。その意味で悔いの多い日々だった。戦時中、主筆の緒方竹虎さんが「軍部の台頭に立ち向かうため、他の新聞社に一緒に行動しようと声をかけたが、協力を得られなかった。新聞社一社だけでは動きようがない。朝日にはたくさんの社員や販売店、その家族がいる。これを考えると行動できなかった」と話されたのを覚えている。社を潰す覚悟なら別だが、そうでないなら、一言論機関にできることには限度があった。満州事変前後までだったら、軍部を抑える好機はあったかも知れない。しかし、その場合も、編集幹部、経営陣が一体となって立ち向かわなければできない。残念だが、あの時、朝日新聞は闘う意欲をすでに失っていたと思う」

平松氏は、こう話した。

「戦争を避けるための議論？　そうしたことは今でこそ言える。当時、そんなことは、たとえ頭にあったとしても、おくびにも出せなかった。私は満州事変までの四年間、京城支局にいたが、大阪に戻った三か月後に憲兵隊に呼び出され、朝鮮共産党との関係をしつこく調べられた。向こうでは共産党の人とも取材上付き合いはしていたが、そんなことを喋ったらおしまいだった。だから「赤は嫌いだ」というように答えた。当時は、憲兵隊に呼ばれたこと自体をひた隠しにしていた。私のような下っ端記者は、それがバレただけで立場が悪くなった。憲兵隊と特高警察はそれほど怖い存在だった。もし、憲兵隊に連れていかれたままだったら、とても会社にはいられない。そんな記者を会社が守ったら、えらいことになる。太平洋戦争が始まると南方の戦地へも特派されたが、軍部の発表のままの戦況と、兵士らの美談しか書かなかった。国策記事というやつだった」

このほか、ゾルゲ事件に連座して検挙された元政治経済部長、田中慎次郎氏（故人）にも会った。田中氏は、軍部と特高警察の怖さについて語ってくれたが、詳しいメモは私の手元に残っていない。

老右翼の「予言」？

戦前の朝日新聞社は、軍部だけでなく右翼（国士）による圧力をどうかわすのか、常に深い葛藤があったと思う。戦時中に東京・大阪両朝日新聞社の主筆だった緒方竹虎氏（故人）が、「『国士』との間の衝立の蔭の取引をせねばならぬことは、思い出しても手の汚れる仕事であった」と自責の念を込めて戦後に書いた回想記を没後に刊行された伝記『緒方竹虎』の中で再掲載している。緒方氏は一九三六年の二・二六事件の際、朝日新聞社を急襲した陸軍の青年将校らと、たった一人で対峙した気骨ある人物として知られる。国士、つまり右翼との対応は、その緒方氏が「手の汚れる仕事」と書き残すほど、きれいごとでは済まされないものだったのだ。

大阪本社の社史編修センター書庫に残されていた戦前の天野徳三文書課長（故人）の日記には「（右翼団体・黒龍会代表の）内田良平氏突然来訪。大陸旅行に発つ挨拶。金一封と日本刀を餞別として手渡す」などの記述がある。右翼対策の担当幹部もいて、右翼との接触窓口になっていた。満州事変当時は、大阪朝日では調査部長が担当だった。調査部長は一〇代の頃、内田良平氏が主宰していた右翼団体「天佑俠」に加わり、内田氏の死後、『内田良平伝』が作成された際の編纂委員にもなっている。

戦前、戦中を通じて、右翼は軍部との太いパイプや度重なるテロ事件への国民の恐怖心を背景に、政治に対して現在よりもはるかに大きな影響力を行使していた。このため、朝日新聞社も右翼の動きに神経を尖らせ、右翼に配慮せざるを得なかったのだと思う。しかし、そのことが朝日新聞社の姿勢を弱め、右翼や在郷軍人会などの圧力団体に付け入る隙を与えることにもなってしまったのだと思う。

私が度々取材した、戦前派右翼の畑時夫氏（故人）。中央公論社の嶋中事件でも右翼と中央公論社の仲介役として動いた老右翼が生前、にこやかに微笑みながら、達観したようにこう話していた。

「私は朝日新聞を信頼しているんですよ。戦前、平時は左翼を装っていたが、いざ国家の危急時には本来の姿を取り戻して愛国派の新聞になってくれた。今は平和の時代。仮の姿なんだから、好きにやっていただいて構いませんよ」

「歴史は繰り返される」という畑氏の朝日新聞に対する「予言」が当たらないことを、私は心から願っている。

あとがき

書き残すべきことを、すべて書く。私は、そんな思いで、本書を書き始めた。しかし、阪神支局襲撃事件の発生以来、三〇年間に蓄積された取材資料は膨大である。私の書斎には、取材ファイル・メモ類だけで約三〇〇冊。東京・大阪の社会部と神戸総局・阪神支局には、その数倍、数十倍の取材ノートが眠っている。一連の事件の取材に関わった朝日新聞の記者は全国で数百人に達すると思う。そして、取材した情報のうち、記事の形になったのは、ごくわずか。恐らくは一パーセントにも満たないのではないか。使われないまま「没」になった犯人逮捕の予定稿だけでも、一〇冊近いファイルになる。私たちは、初めから「無駄を承知」の取材を覚悟してきたのである。その中から、仲間たちの様々な思いを踏まえた上で、書くべきことをすべて拾い出すのは至難の業と思えた。このため、私が実際に見聞きし、取材したものを中心に書くことにした。苦労を共にした仲間たちに感謝しつつ、書き漏らしたデータが多かったことをお詫びしたい。

そして今も、仲間の記者、元記者たちはそれぞれ独自の視点で、独自の分野で犯人を追い続けている。私が知っているだけで一〇人に近い。その取材の中から、真犯人にたどり着く機会が訪れることを願っている。

私は二〇一七年一二月二五日、朝日新聞社を退社した。すでに年齢が六五歳を越えていたという事情もあったが、この本の出版に備えての退社でもあった。朝日新聞社の社員としてではなく、より自由な立場で執筆、編集したかったのである。この本にかける私の思いが読者に伝われば、と心から願う。

読者の方々には、三〇年も前の事件の追跡経過、それも長くて難解な記述、考察を最後まで読んでいただいたことについて感謝したい。取材対象の多くは右翼、保守思想家、そして新興宗教の信者たち。ほとんどの読者にとっては普段の生活ではなじみのない世界の話だったに違いない。しかし、三〇年前に記者二人が殺傷された事件が、未解決のまま公訴時効を迎えてしまったこと。そのことの意味を、市井の人々にも一緒に考えていただければと願う。この事件を通して日本社会の過去と現在と未来について、様々な思いを巡らせながら、筆を進めてきた。

この本はノンフィクションであり、すべて事実に基づいて書いてきた。しかし、第2章の事件経過だけは「物語仕立て」で記述させていただいた。三〇年という歳月は長く、「赤報隊」と言ってもピンとこない人たちがほとんど。せめて、事件の経過については、少しでも分かりやすい書き方をしようと試みた。

「ごく少数の結束の固いグループ」とみられる犯人について、六〇歳代の犯行声明文を書いた指導者と、その部下の三〇歳代の実行犯の二人組と想定。一連の事件の流れに合わせて、二人の会話も推理、創作した。こう考えれば、計八件の事件の犯行声明文および脅迫状の変化、犯行形態の変化、攻撃対象の変遷について説明できる。納得がいく。私が長年考え続けてきた推理を、「物語」という形に乗せて書かせていただいた。ご理解を請い願う次第である。各事件の当日の天気や気温などについては、尊敬する先輩記者がまとめ、社内向けに刊行された『朝日新聞襲撃事件の10年(編年史別巻)』に頼らせていただいた。この場を借りて感謝したい。

私は朝日新聞社に身を置き、生活の糧を得ながら、自分の思い通りに襲撃事件の取材を続けられたことを、幸運に思い、感謝している。三〇年間に及ぶこの事件の取材経過は、日本のマスコミの歴史の一部になるにちがいない。そう自分を鼓舞し、私を育ててくれた朝日新聞社の問題点、対応のまずさも含めて、できる限り客観的に記述してきた。

朝日新聞社の役員応接室で自決した野村秋介氏と対峙した中江利忠社長(当時)の回顧録、α教会が関わる日刊紙の社長らの求めに応じて宴席を設けた編集局幹部らのことも、あえて書いた。個人的な心情ではなく、歴史的な事件の取材過程を記録する本書にとって、必要か否かを検討し、書くべきだと判断した。私は朝日新聞社を故意に貶めるつもりなど毛頭ないし、現在の日本社会で朝日新聞社が必要だと考えている人間の一人である。しかし、だからこそ、取材班の周囲で起きた出来事について、朝日新聞社の一時的な利害を優先させて、書かないで済ませることはできなかった。その結果についての責任は、筆者の私が負うしかないと覚悟している。

最後に、赤報隊に呼びかける。

君たちは単なる殺人集団なのか。それとも思想犯なのか。もし思想犯ならば、一連の朝日新聞社襲撃事件を起こした経緯について、世間に知らしめたいと思わないのか。君たちは犯行声明文で「わが隊は権力とのたたかいで玉砕する」と書いた。だが、そんな勇ましい言葉とは裏腹に、一五年前の公訴時効の成立まで逃げ切った。今、君たちが事件の真相を語っても、刑事責任を問われることは、もはやない。だから、もしこの本を読んだのなら、名乗り出て、事件の真相を明らかにするべきだ。なぜ阪神支局を襲ったのか。なぜ小尻記者を射殺したのか。なぜ途中から朝日新聞社以外に攻撃対象を変えたのか。そもそも、何のために一連の事件を起こしたのか。名乗り出る先は、朝日新聞社であっても、この本の出版を引き受けていただいた岩波書店であっても構わない。君たちが希望するなら、私は君たちの主張をじっくり聞き、世間に正確に伝えることを約束する。

赤報隊よ。逃げ隠れするな。

この本を、二〇〇六年一月七日に五九歳で急性骨髄性白血病のため亡くなった元朝日新聞大阪本社編集局長、鈴木規雄氏(本書ではT記者)に捧げる。鈴木氏は阪神支局襲撃事件の発生以来、取材チームと私を支え続けた。

二〇一八年一月

樋田　毅

〔追記〕二〇一八年一月末、NHKスペシャル「未解決事件」の実録ドラマ編で、草彅剛さんらが特命取材班の苦闘の日々を、鬼気迫る熱演によって再現した。草彅さんをはじめ出演者と、NHKのスタッフの皆さんに感謝の思いを伝えたい。

本書で参照した文献についての補足

（刊行順）

『不二』　伝統的右翼団体「大東塾」の月刊の機関誌（一九五四年の大東塾再結成時から発行）。大東塾は歌道の普及を目的に「不二歌道会」も主宰しており、毎号、短歌などを収録している。

「風流夢譚」　深沢七郎氏の作。雑誌『中央公論』の一九六〇年一二月号にただ一度だけ掲載された短編小説。

『緒方竹虎』　一九六三年、緒方竹虎伝記刊行会編、朝日新聞社。戦時体制下で朝日新聞社の主筆・副社長を歴任、戦後は自由党総裁などを務めた人物の伝記。

「森田（必勝）の精神を後世に向かって恢弘せよ」　一九七〇年一一月二五日、三島由紀夫が東京・市ヶ谷の陸上自衛隊駐屯地で自決した際、楯の会会員に出した命令書の一部。森田は同会会員として蹶起に参加。三島を介錯後、自決した。

『腹腹時計』　新左翼グループの東アジア反日武装戦線の狼班が一九七四年三月に地下出版した。爆弾の製造方法やゲリラ戦法などを記していた。

『腹腹時計と〈狼〉』　一九七五年、鈴木邦男氏の著書、三一書房。新右翼の鈴木氏が、連続企業爆破事件を起こした東アジア反日武装戦線グループについて、「彼らは命がけだった。それに比べて、我が右翼陣営はダラシがない」と書く。

『私の中の日本軍』　一九七五年、山本七平氏の著書、文藝春秋社。戦時中の南京での「百人斬り」をめぐる本多勝一氏との論争などを収録。

「レコンキスタ」　民族派団体「一水会」の月刊の機関紙。題名はイベリア半島で八～一五世紀にあったキリスト教勢力による失地回復運動に由来。一九七五年に創刊。

『獄中十八年　右翼武闘派の回想』　一九八二年、野村秋介氏の著書、現代評論社。河野邸焼き打ち、経団連襲撃事件で計一八年間服役した野村氏の半生記。

『文明史研究会会報』　一九八四年から八八年にかけて断続的に出されたガリ版刷りの資料。前半の各号は「南京事件研究」の表題で、南京虐殺事件の独自調査結果などが収録されている。

『南京大虐殺の研究』　一九八四年、OFFICE PANOから出版。洞富雄氏ら編の同名の書籍(一九九二年、晩聲社刊)があるが、内容は異なる。

『それからの志士』　一九八五年、高木俊輔氏の著書、有斐閣。幕末の志士集団「赤報隊」について詳述。

『松井石根大将の陣中日誌』一九八五年、田中正明氏の編、芙蓉書房。日中戦争時、上海派遣軍司令官、中支那方面軍司令官だった松井石根大将の陣中日誌を田中氏がまとめたもの。歴史研究者らから改竄を指摘された。

『新編日本史』一九八六年、「日本を守る国民会議」編の高校用教科書。数回にわたる文部省との折衝や再審議を経て検定を通った。

『政治・経済特ダネ情報』一九八七年当時、仮名の発行人によって出されていた業界誌。赤報隊事件の犯人を推測し、「特ダネ」と自賛した。

『地下に潜る暴力犯罪　暗黒街の左翼化への危機』一九八七年、長崎の右翼団体代表の著書、政財官界権威威厳復活国民会議から出版。

『新右翼　最終章』鈴木邦男氏の著書、彩流社。初版は一九八八年、最新の「新改訂増補版」は二〇一五年の出版。サブタイトルは「民族派の歴史と現在」。

『獄中句集　銀河蒼茫』一九八八年、野村秋介氏の著書、二十一世紀書院。野村氏が千葉刑務所にいた一二年間に詠んだ俳句集。

『さらば群青』一九九三年一〇月、野村秋介氏の著書、二十一世紀書院。朝日新聞東京本社での自決直後に出版。

「夕刻のコペルニクス」『週刊ＳＰＡ！』に連載されていた鈴木邦男氏の随筆。連載のまとめが一九九六年から随時単行本化。

『新聞社襲撃　テロリズムと対峙した15年』二〇〇二年八月、朝日新聞社の116号事件取材班が執筆、岩波書店。

『新聞　資本と経営の昭和史』二〇〇七年、今西光男氏の著書、朝日新聞社。戦前・戦中から戦後に続く朝日新聞社の「資本(創業家)」と「経営」の関係史。戦前の国士(民族派)による圧力についても詳述。

『新聞と戦争』二〇〇八年、朝日新聞の「新聞と戦争」取材班、朝日新聞出版。一年間に及ぶ新聞連載をまとめたもの。

『憚りながら』二〇一〇年、後藤忠政氏の著書、宝島社。山口組系暴力団後藤組をかつて率いた後藤氏の半生記。

『師・野村秋介』二〇一三年、蜷川正大氏の著書、展転社。野村秋介氏から二十一世紀書院を引き継いだ蜷川氏が、野村氏の最後の日々を回想。

『アジア主義　その先の近代へ』二〇一四年、中島岳志氏の著書、潮出版社。日本の右翼のルーツに流れるアジアとの連帯の思想、その限界について考察。

樋田 毅
ジャーナリスト.
1952年生まれ．愛知県出身．県立旭丘高校卒業，早稲田大学第一文学部社会学科卒業．78年，朝日新聞社に入社．高知支局，阪神支局を経て大阪社会部へ．大阪府警担当，朝日新聞襲撃事件取材班を経て，京都支局次長，地域報道部・社会部次長などを歴任．その後，和歌山総局長，朝日カルチャーセンター大阪本部長等を務めたのち，2012年から17年まで大阪秘書役，同年12月退社．
著書に『最後の社主　朝日新聞が秘封した「御影の令嬢」へのレクイエム』(講談社)，『彼は早稲田で死んだ　大学構内リンチ殺人事件の永遠』(文藝春秋，第53回大宅壮一ノンフィクション賞)など．

記者襲撃 赤報隊事件30年目の真実

2018年 2月21日　第1刷発行
2022年10月25日　第7刷発行

著　者　樋《ひ》田《だ》 毅《つよし》

発行者　坂本政謙

発行所　株式会社 岩波書店
〒101-8002 東京都千代田区一ツ橋 2-5-5
電話案内 03-5210-4000
https://www.iwanami.co.jp/

印刷・三陽社　カバー・半七印刷　製本・松岳社

ISBN 978-4-00-061248-7　　Printed in Japan